Simpler Fren

FOR FIRST EXA

By W. F. H. Whitmarsh

A First French Book
A Second French Book
A Third French Book
A Fourth French Book
A French Word List
A First French Reader
Complete French Course for First Examinations
Essential French Vocabulary
Lectures pour la Jeunesse
Cours Supérieur
Simpler French Course for First Examinations
A New Simpler French Course
More Rapid French, Books I, II and III
Modern Certificate French
Senior French Composition

By W. F. H. Whitmarsh and C. D. Jukes

Advanced French Course
New Advanced French Course

L.P. Records

Selections from A Second and
Third French Book on two L.P. Records

Simpler French Course

FOR FIRST EXAMINATIONS

W. F. H. WHITMARSH, M.A.

LICENCIÉ ÈS LETTRES

LONGMAN

Longman Group Limited
London

Associated companies, branches and representatives throughout the world

First published 1938
Second Edition 1951
Latest impression 1977

ISBN 0 582 36095 1

The cover design is based on the formal gardens at Villandry.

Printed in Hong Kong by
Sheck Wah Tong Printing Press Ltd

Preface

This book is planned on similar lines to the *Complete French Course for First Examinations*, but it is considerably more elementary. Examination standards vary, so do the capacities of Examination forms: there are hard and easy French papers and there are A and B classes. It is for schools preparing for the plainer sort of test that this simpler book has been written.

In SECTION I (*French Prose*) a start is made with very simple passages, and there is a steady gradation to an adequate standard. Each piece is followed by a few easy questions, and where the passage tells a story there are suggestions for free composition.

SECTION II (*French Verse*) offers a number of simple poems, mostly short, and each is followed by a few questions testing comprehension. Where it is the practice to carry out the test in French, the points raised in the questions provided could be utilized by the teacher to frame questions in French.

SECTION III (*Phrases and Sentences on Grammatical Points*). These twenty-eight exercises work over the whole of elementary French grammar and provide effective drill not only for examination tests, but also for a sound command of the language. In the course of the year this section should be worked through at least twice.

SECTION IV (*English Prose Passages*). The pieces provided are short (average 130 words), interesting in themselves and demand a relatively small vocabulary. They contain no unreasonable difficulties, but essential points and constructions occur with great frequency. The first few passages provide revision in simple tense usage and these are followed by a good number of general passages, which in spite of a very gentle gradation never become really hard.

SECTION V (*Free Composition*). One feels that in their earlier attempts at free composition, pupils should have plenty of assistance: they need a simple subject, a detailed plan and a vocabulary. They should understand that with these materials provided their job is to produce a simple and correct exercise of the requisite proportions. Like good models turned out in the woodwork room, their essays should be plain, well finished and true to pattern.

The subjects given in this section are simple and familiar. With the earlier ones much assistance is provided, but later on the props are removed; by then it is hoped that the pupil will have a good idea of how to tackle a subject.

SECTION VI (*Grammar*). This statement of the essentials has been made as short and as clear as possible; it covers all the basic points and constructions, and should prove adequate for the Ordinary level of the General Certificate.

W. F. H. W.

Acknowledgements

GRATEFUL thanks are due to the following, who have granted permission to reproduce extracts from copyright works:

Madame le Mouël, for a poem by Eugène le Mouël.

Madame Tréfeu, for a poem by Louis Ratisbonne.

MM. Calmann-Lévy, Éditeurs, 3 rue Auber, for a poem by Louis Mercier.

M. Eugène Fasquelle, Éditeur, 11 rue de Grenelle, for passages from the works of Alphonse Daudet.

MM. Arthème Fayard et Cie, Editeurs, for a poem by Abel Bonnard.

M. Pierre de Gorsse and MM. Hachette et Cie, for a passage from *Le Yacht mystérieux* by Henry de Gorsse.

MM. Hachette et Cie, Éditeurs, 79 Boulevard Saint-Germain, and M. le Doyen de la Faculté des Lettres, Université de Lille, for a poem by Auguste Angellier.

Société du *Mercure de France*, 26 rue de Condé, for poems by Francis Jammes.

M. Albert Messein, Éditeur, 19 Quai Saint-Michel, for a poem by Paul Géraldy.

Librairie Plon, 8 rue Garancière, for passages from *Mon Petit Trott*, by André Lichtenberger.

Contents

SECTION VI

Grammar

Vocabulary

SECTION I

French Prose Passages

1. *Caught Out!*

Le vieux Maurice avait dans sa chambre un sansonnet qu'il avait élevé et qui savait articuler quelques mots. Par exemple, quand son maître lui disait: «Sansonnet, où es-tu?» l'oiseau répondait toujours: «Me voilà!» Or, Maurice avait un petit voisin, nommé Charles, qui venait souvent lui rendre visite, car il prenait un plaisir particulier à voir et à entendre le sansonnet. Un jour l'enfant arriva pendant l'absence de Maurice. Vite, il s'empara de l'oiseau, le mit dans sa poche et allait se sauver. Mais à cet instant même le bonhomme rentra. Trouvant Charles dans sa chambre, il voulut l'amuser un peu et appela l'oiseau comme d'habitude: «Sansonnet, où es-tu?» «Me voilà!» cria l'oiseau caché dans la poche du méchant enfant.

1. Où le sansonnet se trouvait-il?
2. Pourquoi était-ce un oiseau extraordinaire?
3. Quels autres oiseaux apprennent quelquefois à parler?
4. Quelle question ce sansonnet comprenait-il très bien?
5. Qui était Charles? Pourquoi rendait-il souvent visite à Maurice?
6. Que fit-il un jour que le bonhomme n'était pas chez lui?
7. Qu'est-ce qui arriva au moment où il allait sortir?
8. Comment Maurice voulut-il amuser son jeune ami?
9. Comment le vol fut-il découvert?
10. Faites un petit résumé de l'histoire: Maurice et son sansonnet qui parle — «Où es-tu?» — visite de Charles, qui met l'oiseau dans sa poche — arrive Maurice — «Où es-tu?» — l'oiseau répond.

2. *A Princess in Hiding*

—Je suis tout simplement une pauvre femme égarée dans cette forêt; je meurs de faim et viens vous demander un morceau de pain.

— Ah! si ce n'est que cela, répondit le bûcheron, étonné de voir une jeune fille au milieu de la forêt, je n'en ai qu'un, mais avec un couteau nous en ferons deux. Puis, tout en soupant, vous me raconterez comment il se fait qu'une aussi jolie fille erre toute seule dans les bois, et vienne demander l'hospitalité à un pauvre bûcheron.

— Quant à cela, lui répondit la princesse, je ne puis vous le dire car j'ai fait un serment; seulement vous saurez qu'il faut que je reste cachée dans cette forêt, et que si vous voulez me donner une petite place dans votre hutte, du pain et de l'eau, je serai bien contente; je travaillerai pour vous payer ma nourriture, car j'ai mon sac à ouvrage, et je puis faire des broderies que vous vendrez très bien à la ville.

1. A qui la jeune fille s'adresse-t-elle?
2. Pourquoi demande-t-elle du pain?
3. Est-elle dans la forêt depuis longtemps?
4. Qu'est-ce qu'un bûcheron?
5. Que fait l'homme de son morceau de pain?
6. Quelles questions pose-t-il à la jeune fille?
7. Pourquoi ne peut-elle pas lui dire la vérité?
8. Où veut-elle habiter?
9. Quel travail fera-t-elle pour gagner sa nourriture?
10. Imaginez la suite de l'histoire: Arrivée à la hutte — le bûcheron explique à sa femme ce qui s'est passé — la femme interroge la jeune fille — elle veut la chasser — le bûcheron insiste pour la garder.

3. *His own Little Garden*

Le jardin, qui n'était pas grand, avait pour nous une valeur considérable, car c'était lui qui nous nourrissait, nous fournissant, à l'exception du blé, à peu près tout ce que nous mangions: pommes de terre, choux, carottes, navets. Aussi n'y trouvait-on pas de terrain perdu. Cependant on m'en avait donné un petit coin dans lequel j'avais réuni une infinité de plantes, d'herbes, de mousse arrachées le matin à la lisière des bois ou le long des haies pendant que je gardais notre vache, et replantées l'après-midi dans mon jardin, pêle-mêle, au hasard, les unes à côté des autres.

Assurément ce n'était point un beau jardin avec des allées bien sablées et des plates-bandes pleines de fleurs rares; ceux qui passaient dans le chemin ne s'arrêtaient point pour le regarder par-dessus la haie, mais tel qu'il était, il avait ce mérite et ce charme de m'appartenir; il était ma chose, mon bien, mon ouvrage; je l'arrangeais comme je voulais, selon ma fantaisie, et quand j'en parlais, ce qui m'arrivait vingt fois par jour, je disais «mon jardin».

1. Quels légumes cultivait-on dans ce jardin?
2. Que fait-on avec le blé? Pourquoi ne le cultive-t-on pas dans un jardin?
3. De quelle couleur sont les choux? Et les carottes?
4. Qu'est-ce qui montre que le père était bon jardinier?
5. Quelles plantes l'enfant avait-il dans son petit coin de terre?
6. Où avait-il trouvé ces plantes?
7. Comment les avait-il replantées?
8. Comment sont les jardins des gens riches?
9. Pourquoi l'enfant aimait-il beaucoup son petit jardin?
10. Comment savons-nous qu'il y pensait sans cesse?

4. *An Accident on the Ice*

Henri, tout effrayé, court à sa sœur; il lui crie de ne pas s'exposer au danger. Il appelle aussi son frère: «Revenez, revenez, leur dit-il, vous allez vous noyer; la glace n'est pas assez forte pour vous porter».

A cet instant même la glace se brise sous leurs pieds et ils sont précipités dans l'eau.

Henri ne sait que faire. Il sent bien qu'il n'est pas assez fort pour les secourir lui-même. Il appelle, il crie de toutes ses forces, on ne l'entend pas . . . Puis, au loin, il aperçoit le jardinier. Il court vers lui, en redoublant ses cris; il parvient à se faire entendre, et le jardinier s'empresse de venir au secours des malheureux enfants. Il fait avec sa bêche un grand trou dans la glace et, plongeant dans l'eau jusqu'à la ceinture, il parvient à les retirer, à demi morts de froid et de frayeur.

On les transporta chez eux, on les mit dans des lits bien chauds et l'on réussit à les ranimer.

1. Quelles personnes y a-t-il sur la glace?
2. Pourquoi les enfants sont-ils en danger de se noyer?
3. Qu'arrive-t-il quand la glace se brise?
4. Pourquoi Henri ne peut-il pas secourir les enfants lui-même?

5. Comment le jardinier apprend-il qu'un accident est arrivé?
6. Qu'est-ce qui montre que le jardinier était courageux?
7. Comment fait-il pour retirer les enfants de l'eau?
8. Dans quel état sont-ils?
9. Que fait-on pour les ranimer?
10. Racontez ce qui se passe: Les enfants sur la glace — la glace se brise — les enfants précipités à l'eau — Henri crie au secours — le jardinier arrive et retire les enfants de l'eau — on les transporte chez eux.

5. *Conversation among the Ladies sitting out*

— Avec qui valse donc madame Thélissier?

— Connaissez-vous ce jeune homme qui valse avec la nièce de M. Poirceau?

— Demandez donc à madame Poirceau le nom du monsieur qui danse avec Malvina.

— Monsieur Bernard, dit une vieille femme, tâchez donc de savoir quel est ce monsieur qui valse avec madame Thélissier.

— Personne ne le connaît, c'est un sauvage.

— Je crois plutôt que c'est un Anglais.

Plus loin, un groupe de vieilles femmes s'exprimaient ainsi:

— C'est un malheur d'être aussi beau que cela.

— Je le crois bête à manger du foin.

— Ah! vous voilà avec vos préjugés, dit une vieille baronne. De mon temps les hommes étaient fort beaux, et je vous assure qu'ils avaient de l'esprit.

— Voici madame Poirceau, demandez-lui vite le nom de ce bel inconnu.

Madame Poirceau ne savait pas de qui on voulait lui parler; elle n'avait point regardé Tancrède, et n'avait pas écouté ce que son mari lui avait dit de lui.

— Comment! vous ne savez pas que vous avez chez vous une merveille? Voyez donc là-bas le beau valseur de votre nièce; on ne parle que de lui, il fait événement dans votre bal, qui du reste est charmant.

MADAME DE GIRARDIN

1. Chez qui le bal a-t-il lieu?
2. Quel est le petit nom de madame Thélissier?
3. Pourquoi s'adresse-t-on à madame Poirceau pour savoir le nom du jeune homme?

4. Pourquoi toutes les dames parlent-elles de lui?
5. Pourquoi dit-on que c'est un sauvage ou un Anglais?
6. «Je le crois bête à manger du foin.» Que veut dire la dame?
7. Qu'est-ce qu'on pense généralement des jolis hommes?
8. Pourquoi madame Poireau paraît-elle étonnée quand on lui parle du valseur de sa nièce?
9. Qui a fait inviter le bel inconnu?

6. *A Fine Dog*

Nous déjeunions dans la salle à manger quand il entra tout à coup un grand chien noir, qui vint s'installer au milieu de nous, et prit de la meilleure grâce quelques friandises que je lui offris. Il avait l'œil vif et intelligent. Mon père, qui a chassé autrefois, l'admirait en connaisseur, et dit:

— C'est un des plus beaux chiens que j'aie vus: il n'y en a pas en France quatre comme lui.

Soudain nous entendîmes un coup de sifflet aigu. Le chien laissa un os à demi rongé, se tourna vers la porte, que l'on avait refermée, et voyant ouverte la fenêtre, qui heureusement n'est qu'à six ou sept pieds du sol, s'élança à travers et disparut.

— A qui est ce chien? demanda mon père au domestique qui nous servait.

— C'est au marchand de peaux.

— Vient-il souvent?

— Toutes les semaines.

— Vous m'appellerez quand il sera là.

Trois ou quatre jours après, comme nous étions à déjeuner, on vint dire à mon père que le marchand de peaux était à la cuisine. Il ordonna qu'on le fît entrer.

1. Que fait la famille au moment où le chien entre?
2. Décrivez ce chien.
3. Qu'est-ce qu'une friandise?
4. Pourquoi le père s'intéresse-t-il aux chiens?
5. Pourquoi le chien veut-il sortir?
6. Qu'est-ce qui montre qu'il a été bien dressé par son maître?
7. Pourquoi le chien ne sort-il pas par la porte? Par où sort-il?
8. Comment un marchand de peaux gagne-t-il sa vie?
9. Que doit faire le domestique?

10. Imaginez la suite de l'histoire: Le marchand vient à la maison — le père admire le chien et veut l'acheter — le marchand refuse et donne ses raisons — le père lui offre un bon prix — le marchand finit par accepter.

7. *Playing at Robbers*

L'aventure que je vais vous raconter est arrivée à deux enfants de ma connaissance, qui se nommaient Georges et Pierre. Leur divertissement favori était de jouer au brigand. En sa qualité d'aîné, Georges prenait toujours le rôle du brigand; Pierre faisait le gendarme. Armés de sabres de bois, ils se précipitaient l'un sur l'autre et se poursuivaient tour à tour. C'était une lutte acharnée, qui souvent durait jusqu'à la tombée de la nuit. Dans le silence du soir, on entendait monter en l'air des cris étranges: «Ta bourse ou ta vie! — Gare à toi si tu me touches! — Au secours, au secours!» Les bonnes femmes du village en étaient effrayées. Un soir même elles s'assemblèrent dans la rue devant la maison et l'une d'elles vint sonner, en demandant si l'on n'égorgeait pas quelqu'un.

1. Comment les deux enfants s'appelaient-ils? Lequel des deux était l'aîné?
2. Comment s'amusaient-ils?
3. Qu'est-ce qu'un brigand?
4. Avec quoi les enfants se battaient-ils?
5. Expliquez le sens de la phrase: «Ils se poursuivaient tour à tour.»
6. Quel est celui des enfants qui criait: «Ta bourse ou ta vie»? Et celui qui criait: «Au secours»?
7. Qu'est-ce qui effrayait les bonnes femmes du village?
8. Qu'arriva-t-il un soir que les deux garçons criaient très fort?
9. Racontez en quelques mots ce qui se passe: Les deux enfants — leur jeu favori — leurs sabres — les poursuites — les cris — les voisines sont effrayées — un soir elles viennent à la maison.

8. *A Question of Headgear*

Mais où est mon chapeau? Après l'avoir bien cherché, je découvre qu'un homme qui est venu me voir ce matin s'est assis dessus et y est resté une bonne demi-heure. Je n'ai plus de chapeau. C'est dimanche aujourd'hui; les boutiques sont fermées. Je ne puis avoir de chapeau que demain. Je n'ai que ma casquette de voyage; mais on ne peut sortir en casquette; il vaudrait mieux avoir commis les crimes les plus affreux que d'être rencontré avec une casquette. Si je sortais en casquette, je ne serais plus un monsieur, je serais un homme. Je ne sortirai pas; je me mettrai en route demain.

1. Où l'auteur trouve-t-il son chapeau?
2. Pourquoi dit-il: «Je n'ai plus de chapeau»?
3. Combien de temps le visiteur est-il resté?
4. Pourquoi l'auteur ne peut-il pas acheter un chapeau neuf?
5. Quand pourra-t-il en acheter un?
6. Quand porte-t-il sa casquette?
7. Pourquoi ne veut-il pas sortir en casquette?
8. En France, quelle sorte d'hommes se promènent en casquette?
9. Que fera l'auteur aujourd'hui? Que fera-t-il demain?

9. *Cinderella's Triumph*

Peu de jours après, le fils du roi fit publier qu'il épouserait celle dont le pied serait bien juste à la pantoufle.

On commença à l'essayer aux princesses, ensuite aux duchesses et à toute la cour, mais inutilement.

On la porta chez les deux sœurs, qui firent tout leur possible pour faire entrer leur pied dans la pantoufle; mais elles ne purent en venir à bout.

Cendrillon, qui les regardait et qui reconnut sa pantoufle, dit en riant:

«Que je voie si elle ne me serait pas bonne!»

Ses sœurs se mirent à rire et à se moquer d'elle.

Le gentilhomme qui faisait l'essai de la pantoufle, ayant regardé attentivement Cendrillon et la trouvant fort belle, dit que cela était très juste, et qu'il avait ordre de l'essayer à toutes les filles. Il fit asseoir Cendrillon et, approchant la pantoufle de son petit pied, il vit qu'il y entrait sans peine.

L'étonnement des deux sœurs fut grand, mais plus grand encore quand Cendrillon tira de sa poche l'autre petite pantoufle, qu'elle mit à son pied.

Là-dessus arriva la marraine, qui, ayant donné un coup de sa baguette sur les habits de Cendrillon, les fit devenir encore plus magnifiques que tous les autres.

Alors ses deux sœurs la reconnurent pour la belle personne qu'elles avaient vue au bal. Elles se jetèrent à ses pieds pour lui demander pardon de tous les mauvais traitements qu'elles lui avaient fait souffrir.

Cendrillon les releva et leur dit, en les embrassant, qu'elle leur pardonnait de bon cœur.

PERRAULT

1. Pourquoi le prince cherchait-il celle qui avait perdu la pantoufle?
2. Qu'est-ce que les princesses et les duchesses trouvent impossible de faire?
3. Comment la pantoufle était-elle?
4. Pourquoi les deux sœurs se moquent-elles de Cendrillon?
5. Pourquoi le gentilhomme permet-il à Cendrillon d'essayer la pantoufle?
6. Comment Cendrillon prouve-t-elle que la pantoufle est bien à elle?
7. Pourquoi les deux sœurs demandent-elles pardon à Cendrillon?
8. Pourquoi appelait-on la jeune fille Cendrillon?
9. Racontez vous-même la fin de l'histoire, à partir du moment où Cendrillon sort du bal.

10. *Events not soon forgotten*

Après le dîner, je m'approchai du général:

— Général, lui demandai-je, vous rappelez-vous le 14 mars 1815?

— Le 14 mars 1815? reprit le général en cherchant à rappeler ses souvenirs. Je crois bien! c'est le jour où j'ai été arrêté à Chauny . . .

— Vous rappelez-vous avoir traversé une petite ville nommée Villers-Cotterets?

— Avant ou après mon arrestation?

— Après votre arrestation, général: vous étiez dans une voiture, assis entre deux gendarmes.

— Oh! je me le rappelle parfaitement.

— Me permettez-vous de vous demander encore si vous vous souvenez d'autre chose?

— Faites.

— Vous souvenez-vous d'avoir passé la nuit en prison à Soissons?

— Je m'en souviens parfaitement.

— Vous souvenez-vous d'avoir reçu une visite?

— Oui, celle d'un enfant de douze à quatorze ans.

— Qui venait vous offrir, de la part de vos amis . . .

— Cinquante louis et une paire de pistolets! Je m'en souviens parfaitement.

— Vous oubliez de dire, général, que vous avez embrassé cet enfant au front.

— Parbleu! il le méritait bien. Est-ce que, par hasard, cet enfant? . . .

— C'est moi, général, un peu grandi, un peu vieilli depuis ce temps-là; mais enfin, c'est moi. Voilà pourquoi je ne me suis pas fait présenter à vous, et me suis présenté moi-même.

Le général me prit les deux mains, et me regarda bien en face:

— Sacrebleu! dit-il, embrassez-moi encore!

D'après ALEXANDRE DUMAS

1. Où les deux hommes se rencontrent-ils?
2. Pourquoi le général se souvient-il de la journée du 14 mars 1815?
3. Pourquoi était-il dans la voiture avec deux gendarmes?
4. Où passa-t-il la nuit du 14 au 15 mars 1815?
5. De qui reçut-il la visite cette nuit-là?
6. Qui avait envoyé ce messager?
7. Qu'apportait le visiteur?
8. Pourquoi envoyait-on ces choses au prisonnier?
9. Comment le général montra-t-il sa reconnaissance?
10. Comment savons-nous que ces événements sont maintenant bien loin?
11. Racontez brièvement les événements dont on parle: L'arrestation du général — son voyage — son logement à Soissons — la visite qu'il reçut — les pistolets et l'argent — il embrasse le messager.

11. *A Foundling*

Un matin, comme Jérôme allait à son travail et qu'il passait dans une rue qu'on appelle l'avenue de Breteuil, qui est large et plantée d'arbres, il entendit les cris d'un enfant. C'était au mois de février; il faisait petit jour. Jérôme s'approcha de la porte d'où venaient les cris et aperçut un tout petit enfant couché sur le seuil. Comme il regardait autour de lui pour appeler quelqu'un, il vit un homme sortir de derrière un gros arbre et se sauver. Sans doute cet homme s'était caché là pour voir si l'on trouverait l'enfant, qu'il avait lui-même déposé devant cette porte. Voilà Jérôme bien embarrassé, car l'enfant criait de toutes ses forces, comme s'il avait compris qu'un secours lui était arrivé, et qu'il ne fallait pas le laisser échapper. Pendant que Jérôme réfléchissait à ce qu'il devait faire, il fut rejoint par d'autres ouvriers, et l'on décida qu'il fallait porter l'enfant chez le commissaire de police. Il ne cessait de pleurer; sans doute il souffrait du froid.

1. Comment est l'avenue de Breteuil?
2. Qui poussait les cris que Jérôme entendit en passant par cette rue?
3. Comment savons-nous que Jérôme allait à son travail de bonne heure?
4. A quelle époque de l'année était-on?
5. Pourquoi l'homme qui se cachait derrière l'arbre se sauva-t-il?
6. Qu'est-ce qu'un ouvrier? Où les ouvriers travaillent-ils?
7. Qu'est-ce qu'on décida de faire de l'enfant?
8. Pourquoi le bébé pleurait-il si fort?
9. Jérôme arrive chez le commissaire de police et lui raconte comment il a trouvé l'enfant. Imaginez la conversation entre les deux hommes.

12. *A Stolen Diamond*

La nuit tomba, mais il ne songea pas à allumer une bougie. Tout à coup on frappa à sa porte. Il ouvrit; un homme, après avoir écouté s'il était suivi, entra brusquement, referma la porte, écouta encore, et lui dit: «Monsieur, nous n'avons que dix minutes pour conclure une affaire dans laquelle il y va de votre fortune et de ma vie. Je suis esclave, employé aux mines. J'ai volé un diamant; sous prétexte de maladie, je me suis fait transporter ici. Un roi seul peut payer le diamant dont je vous parle. Aucun prince n'en possède un si beau; mais c'est pour moi une richesse perdue: il est impossible que je le vende, car je ne pourrais m'enfuir sans argent. Cependant il peut aussi faire mon bonheur: je ne vous demande, en échange de ce trésor, que la somme nécessaire à ma fuite. Par ce moyen je serai libre, je regagnerai mon pays et je reverrai mes frères et ma femme.»

1. Où se sert-on de bougies pour éclairer les maisons? Comment les maisons sont-elles éclairées dans les villes?
2. Pourquoi le visiteur inconnu écouta-t-il avant d'entrer dans la maison?
3. Pourquoi était-il si pressé?
4. Quel était cet homme? Où travaillait-il?
5. Dans quel pays trouve-t-on d'importantes mines de diamants?
6. Pourquoi cet homme avait-il fait semblant d'être malade?
7. Pourquoi était-il venu à cette maison?
8. Combien d'argent demande-t-il en échange de son diamant?
9. Pourquoi voulait-il s'évader?
10. Racontez la suite de cette histoire: Le marché est conclu — le fugitif s'en va avec son argent — peu après les gardes arrivent — l'homme cache le diamant, il ouvre la porte — conversation avec les gardes — ceux-ci donnent une description du fugitif — ils racontent ce qu'il a fait — ils s'en vont.

13. *Paris in Snowy Weather*

Paris avec la neige; Paris et le silence! N'est-ce pas un rêve? Des voitures qui roulent et qu'on n'entend pas; des passants qui marchent, qui tombent même, et dont on n'entend ni le pas ni la chute. Sans les cris des marchands, on croirait être devenu sourd. Ce qu'il y a de plus étrange dans les rues, c'est ce mélange d'activité et de silence. On marche vite pour se réchauffer, et puis chacun tient à la main un paquet quelconque. Les uns portent un âne en carton dont les oreilles percent le papier qui les enveloppe; ceux-ci, d'un air très sérieux, emportent un grand cheval de bois; celui-là enlève une poupée; cet autre un chien ou un mouton, et tous se hâtent et vous heurtent en passant; on dirait que le joujou qui les charge est attendu par un être qui ne peut vivre sans lui.

1. En quelle saison neige-t-il généralement? Neige-t-il souvent en Angleterre? Dans quels lieux et dans quels pays y a-t-il toujours de la neige?
2. Que remarque-t-on dans une grande ville quand il y a beaucoup de neige?
3. Pourquoi les rues d'une grande ville sont-elles si bruyantes?
4. Pourquoi les gens tombent-ils quelquefois quand il y a de la neige par terre?
5. Pourquoi les gens marchent-ils vite quand il fait froid?
6. Comment marche-t-on quand il fait très chaud?
7. Quel nom spécial donne-t-on en France au premier janvier? Comment appelle-t-on les cadeaux qu'on donne ce jour-là?
8. A quel moment de l'année les Anglais se font-ils des cadeaux?

14. *Conversation between Strangers*

Cet homme, sans dire un mot, avait empoigné l'anse du seau qu'elle portait.

Il y a des instincts pour toutes les rencontres de la vie. L'enfant n'eut pas peur....

L'homme lui adressa la parole. Il parlait d'une voix très douce:

— Mon enfant, c'est bien lourd pour vous, ce que vous portez là.

Cosette leva la tête et répondit:

— Oui, monsieur.

— Donnez, reprit l'homme, je vais vous le porter.

Cosette lâcha le seau. L'homme se mit à cheminer près d'elle.

— C'est très lourd, en effet, dit-il entre ses dents. Puis il ajouta:

— Petite, quel âge as-tu?

— Huit ans, monsieur.

— Et viens-tu de loin comme cela?

— De la source qui est dans le bois.

— Et est-ce loin où tu vas?

— A un bon quart d'heure d'ici.

L'homme resta un moment sans parler, puis il dit brusquement:

— Tu n'as donc pas de mère?

— Je ne sais pas, répondit l'enfant.

Avant que l'homme eût le temps de reprendre la parole, elle ajouta:

— Je ne crois pas. Les autres en ont. Moi, je n'en ai pas.

Et après un silence, elle reprit:

— Je crois que je n'en ai jamais eu.

L'homme s'arrêta, il posa le seau à terre, se pencha et mit ses deux mains sur les deux épaules de l'enfant, faisant effort pour la regarder et voir son visage dans l'obscurité.

VICTOR HUGO, *Les Misérables*

1. Comment s'appelait la fillette?
2. Qu'est-ce qu'elle portait?
3. Pourquoi n'eut-elle pas peur quand l'homme lui parla et lui prit son seau?
4. Pourquoi le seau était-il lourd?
5. D'où venait l'enfant?
6. Quel âge avait-elle?
7. Comment appelle-t-on un enfant dont les parents sont morts?
8. Qu'est-ce que cette petite fille savait de ses parents?
9. Quelle émotion l'homme éprouva-t-il en regardant cette enfant?
10. Quelque temps après, la petite fille raconte à une amie sa rencontre avec l'étranger: — Elle revenait de la source — l'homme la rattrape, lui parle, prend le seau, l'interroge au sujet de ses parents — elle décrit l'homme — sa haute taille, sa douceur.

15. *A Death-sentence revoked*

— Mais enfin, dit Rose, quel est donc cet horrible crime commis la nuit dernière, et qui a décidé la condamnation du pauvre Médor?

— Madame, il s'est introduit dans le poulailler, et a tué et dévoré quatre poulets.

Rose regarda le jardinier et lui ôta Médor des mains.

— Pauvre Médor, lui dit-elle, tu ne mourras pas; tu es sous ma protection et sous celle de la justice. Monsieur Honoré, dit-elle, Médor est innocent. La nuit dernière, j'ai entendu un grand bruit dans votre poulailler; je me suis mise à la fenêtre, et j'ai vu vos domestiques tordant le cou à vos poulets. Médor n'y était pas; il est innocent du crime dont on l'accuse et qu'ont commis ses accusateurs. J'en ai parlé ce matin à une femme qui me sert, et elle m'a dit tout ce qui se passe chez vous: vos domestiques mangent vos poulets et vos pigeons et mettent leur mort sur le compte de Médor, qui ne consentirait pas même à en manger les os. Médor est un chien fidèle et un bon chasseur.

— Etes-vous sûre de ce que vous dites? dit monsieur Honoré fort ému.

— Demandez-le au jardinier, qui n'ose regarder ni vous, ni moi, ni sa victime.

— Ah! drôle! c'est toi qui mérites d'être pendu! s'écria le maître, en regardant le jardinier avec colère.

1. Comment appelle-t-on le chien?
2. Quel crime a-t-il commis?
3. Qu'est-ce que le maître va faire du chien?
4. Qu'est-ce qu'un poulailler?
5. Quels oiseaux voit-on dans une basse-cour?
6. Qui a dénoncé le chien?
7. Comment Rose prouve-t-elle que Médor est innocent du crime dont on l'accuse?
8. A quoi voit-on que le jardinier est coupable?
9. Racontez brièvement ce qui se passe: Disparition des poulets — le jardinier accuse le chien — le maître condamne le chien à mort — Rose dit ce qu'elle sait — le jardinier est reconnu coupable — colère du maître.

16. *A Smuggler dies hard*

Pendant ce temps, André se glissait à travers les roches à l'endroit du rendez-vous, en écoutant dans l'ombre le faible signal auquel se reconnaissaient les contrebandiers. Tout à coup il s'arrêta et prêta l'oreille; c'était bien le signal; il répondit et se tint debout. Il vit alors se dresser des têtes; en même temps il entendit du bruit derrière lui. Il se retourna et aperçut encore des têtes. Cela faisait au moins cinq hommes, et ses compagnons n'étaient que deux. Il était trahi! . . . A peine avait-il eu le temps de s'en apercevoir, qu'il vit qu'on se rapprochait de lui. Il s'élança, renversa d'un coup de crosse un de ses agresseurs et prit la fuite. On lui tira deux coups de fusil qui le manquèrent, mais qui servirent de signal aux autres douaniers.

André gravit la falaise par un chemin que peu de gens avaient osé tenter. Arrivé en haut, il fut saisi par deux hommes armés et un furieux combat s'engagea dans la nuit; deux hommes furent tués, un des douaniers et André.

1. Expliquez ce que c'est qu'un contrebandier (*contraband goods* = des articles de contrebande; *Customs officer* = le douanier; *frontier* = la frontière).
2. Pourquoi les contrebandiers opèrent-ils souvent la nuit?
3. Comment les contrebandiers de cette histoire se reconnaissaient-ils de loin?
4. Pourquoi André savait-il que les hommes qu'il voyait n'étaient pas ses amis?
5. Quelle arme portait-il?
6. Qu'est-ce qui avertit les autres contrebandiers du danger qui les menaçait?
7. Pourquoi André choisit-il un chemin difficile pour s'enfuir?
8. Quel fut le résultat du combat?
9. Racontez ce qui se passe: André — son rendez-vous avec ses amis — le signal — il répond — il voit cinq hommes — il renverse un des douaniers — il s'enfuit, prend un chemin difficile, rencontre deux autres douaniers — le combat — le résultat.

17. *Robbers indeed!*

La nuit était claire, mais de gros arbres bordaient la route et y jetaient par moments beaucoup d'obscurité. J'étais sur le siège de la voiture avec le cocher. Tout à coup le postillon ralentit ses chevaux, se retourna et cria au cocher:

— Dites à ces dames de ne pas avoir peur, j'ai de bons chevaux.

Ma mère entendit ces paroles et, s'étant penchée à la portière, elle vit trois personnages, deux sur un côté de la route, l'autre en face, à dix pas de nous environ. Ils paraissaient petits et se tenaient immobiles.

— Ce sont des voleurs! cria ma mère. Postillon, n'avancez pas! Retournez, retournez! Je vois leurs fusils.

Le postillon se mit à rire, fouetta ses chevaux et passa au grand trot devant ces trois curieux personnages, qui ne se dérangèrent pas le moins du monde et que je vis distinctement sans pouvoir dire ce que c'était.

Quelques centaines de mètres plus loin, le postillon mit les chevaux au pas et descendit pour venir parler aux voyageuses.

— Eh bien, mesdames, dit-il en riant toujours, avez-vous vu leurs fusils?

— Mais enfin, dit ma mère, qu'est-ce que c'était donc?

— C'étaient trois grands ours de montagne, madame.

D'après GEORGE SAND

1. Dans quoi ces gens voyageaient-ils?
2. Qu'est-ce qu'un postillon?
3. Pourquoi la route était-elle très sombre par endroits?
4. Pourquoi le cocher n'avait-il pas peur?
5. Que vit la mère en se penchant à la portière de la voiture?
6. Qu'est-ce qui montre que cette dame avait beaucoup d'imagination?
7. Quels étaient les trois personnages qu'on voyait au bord de la route?
8. Dans quels pays trouve-t-on ces bêtes?
9. Comment les gens voyagent-ils de nos jours?
10. Le lendemain, la jeune fille raconte cet incident à une amie. Le voyage en voiture dans la nuit — les voyageuses — le cocher — le postillon — le clair de lune — la route très sombre sous les arbres — le postillon aperçoit quelque chose — la mère regarde — sa frayeur — la voiture avance — les chevaux ont peur — le cocher explique ce que c'était.

18. *A Splendid Autumn Morning*

Nos trois amis se dirigèrent vers la forêt.

La journée s'annonçait splendide: on aurait dit que la nature se préparait à une fête. L'air frais du matin bruissait dans les feuilles jaunies des grands arbres; les oiseaux réveillés par le soleil mêlaient leurs chants joyeux aux murmures des insectes, et voltigeaient de branche en branche à la recherche de leur déjeuner matinal. Le ciel était sans nuages, et son azur un peu voilé par la légère brume des matinées d'automne, se fondait au loin dans les teintes jaunes et rosées du soleil levant. Tout était joie dans la forêt. La brise matinale, les feuilles des arbres, les herbes du chemin, les oiseaux du bois chantaient en chœur l'hymne du réveil et de l'espérance.

Peu à peu la sérénité de cette matinée, le calme de la nature passèrent dans le cœur des hommes; la tristesse et le doute firent place à des idées plus consolantes, tant est grande l'influence du monde extérieur sur nos âmes.

1. Qu'est-ce qu'une fête? Quelles sont les principales fêtes qu'on célèbre en France?
2. En quelle saison les feuilles jaunissent-elles?
3. Quels bruits ces voyageurs entendaient-ils?
4. Que veut dire «Les oiseaux chantaient *en chœur*»?
5. L'auteur parle du *déjeuner matinal* des oiseaux. Que mangent-ils?
6. Pourquoi la campagne est-elle si jolie en automne?
7. Donnez le nom de quelques oiseaux.
8. Connaissez-vous le nom de quelques arbres?

19. *The Whistle*

Quand j'étais un petit garçon de cinq ou six ans, mes parents, un jour de fête, remplirent de sous ma petite poche. Je me dirigeai bien vite vers une boutique où l'on vendait toutes sortes de jouets fort tentants. Cependant, en chemin, je fus charmé du son d'un sifflet que je vis dans les mains d'un autre garçon. Je lui offris aussitôt en échange de son sifflet tout mon argent. Revenu chez moi, je m'en allai sifflant par toute la maison et ravi de mon acquisition, mais fatiguant de mon bruit les oreilles de toute la famille. Mes frères, mes sœurs, mes cousines, apprenant que j'avais tout donné pour ce mauvais sifflet, me dirent que je l'avais payé plus de dix fois sa valeur. Ils me représentèrent ensuite combien de jolies choses j'aurais pu acheter avec le reste de mon argent, si j'avais été plus prudent, et ils se moquèrent de ma folie, tellement que j'en pleurai de dépit. L'idée que j'avais gaspillé mon argent me donna dès lors plus de chagrin que le sifflet ne m'avait donné de plaisir.

1. Quel âge l'enfant avait-il au moment où cet incident arriva?
2. Pourquoi ses parents lui avaient-ils donné cet argent?
3. Qu'est-ce que l'enfant voulait faire de son argent?
4. A qui acheta-t-il le sifflet?

5. Quand il eut acheté le sifflet, combien d'argent lui resta-t-il?
6. Pourquoi sa famille était-elle mécontente de lui?
7. Quels jouets aurait-il pu acheter avec son argent?
8. A quel moment de l'année achète-t-on beaucoup de jouets?
9. Faites un petit résumé de cette histoire: Jour de fête — le cadeau — l'enfant s'en va dépenser son argent — il rencontre un autre garçon — le sifflet — l'échange — arrivée à la maison — il fait beaucoup de bruit — sa famille le gronde — il pleure.

20. *An Unexpected Encounter*

Sur les grandes places, les quais, les boulevards, il fait encore jour; dans les rues, c'est un doux crépuscule; dans l'intérieur des maisons, c'est la nuit; et dans les corridors, qu'est-ce donc? ténèbres, profondes ténèbres.

Tancrède s'égarait dans une obscurité complète en sortant de l'appartement de M. Lennoix. Il craignait un escalier inattendu, ses pas étaient inquiets.

En appuyant ses bras aux murs, il rencontra une porte qui céda aussitôt, et il se trouva dans un petit salon fort élégant, que le réverbère de la rue éclairait à travers la fenêtre.

Une faible lueur filtrait par la fente d'une autre porte vers laquelle Tancrède se dirigea. Il frappa légèrement par prudence.

— Entrez, dit une assez douce voix.

Tancrède ouvrit la porte.

— Pardon, madame, dit-il en voyant une petite femme assez jolie et assez jeune s'avancer vers lui.

— Monsieur, dit-elle, puis elle s'arrêta.

L'aspect du beau jeune homme lui semblait une apparition divine.

— Monsieur désire parler à mon . . .

Elle allait dire mon fils, mais le mot expira sur ses lèvres: elle aurait voulu n'avoir que seize ans.

— Je vous fais mille excuses, madame, dit Tancrède, mais il n'y a pas de lumière dans le corridor . . . et . . .

— Vraiment, monsieur, cela est incroyable. Baptiste! allumez donc la lampe! Baptiste, venez éclairer monsieur.

Baptiste allumait trop de lampes en ce moment pour en avoir une seule à apporter.

— Il ne vient pas. Je vais vous éclairer moi-même.

MADAME DE GIRARDIN

1. Qu'est-ce qu'un quai?
2. Quel est le contraire de *Il fait jour*?
3. Expliquez ce que c'est que le crépuscule.
4. A qui ce jeune homme avait-il rendu visite?
5. Pourquoi marchait-il avec précaution?
6. Qu'est-ce qu'un réverbère?
7. Comment était la dame que Tancrède trouva dans le salon?
8. Qui était Baptiste?
9. «Je vais vous éclairer moi-même.» Qu'est-ce que la dame voulait dire?
10. Racontez brièvement ce qui arriva à Tancrède: Sa visite — les corridors noirs — il ouvre une porte — la personne qu'il voit dans le salon — il s'excuse — la dame appelle le domestique — il ne vient pas — elle l'éclaire elle-même.

21. *A Fine Diamond*

Le lendemain, vers midi, il aperçut au loin des cavaliers arabes.

— Avez-vous de l'argent? lui dit le guide.

— Je n'ai que l'argent nécessaire à mon voyage, répondit Théodore.

— Alors n'opposons aucune résistance; après nous avoir fouillés, ils nous laisseront de quoi continuer notre voyage, peut-être économiquement, mais qu'importe?

— Il importe beaucoup, dit Théodore.

Et il reçut d'un coup de pistolet le premier Arabe qui s'avança vers eux.

On tira les sabres. Le guide fut tué et Théodore fut emporté prisonnier.

On le fouilla. Malgré sa résistance, on lui prit son diamant. Les Arabes crurent que c'était une amulette; une femme en fit un jouet pour son enfant.

Au milieu de la nuit, Théodore s'empara de nouveau du diamant et s'enfuit. Deux jours et deux nuits il se cacha dans une caverne, sans manger. Puis, une caravane venant à passer, il continua sa route, toujours inquiet, demandant dans les auberges la plus mauvaise chambre, pour ne pas laisser soupçonner sa fortune.

Arrivé à la ville, il se rendit chez le bijoutier. Celui-ci, après avoir bien examiné le diamant, lui dit:

— C'est en effet une pièce remarquable; je ne me charge pas de cela; mais, à cause de l'exactitude de l'imitation, on vous en donnera partout dix francs.

1. Où ces deux hommes voyagent-ils?
2. Qu'est-ce qu'un cavalier?
3. Où habitent les Arabes? Comment sont-ils? Quels vêtements portent-ils?
4. Pourquoi Théodore ne veut-il pas que les Arabes le fouillent?
5. Quelle arme Théodore portait-il? Et les Arabes?
6. A qui donne-t-on le diamant?
7. Expliquez ce que c'est qu'une *caravane.*
8. Qu'est-ce qu'un bijoutier?
9. Qu'est-ce que ce bijoutier pense du diamant de Théodore?
10. Faites un petit résumé de cette histoire: Théodore et son diamant — voyage avec un guide à travers le désert — les Arabes — le combat — Théodore prisonnier — on lui prend son diamant — on le donne à un enfant — l'évasion — Théodore se cache — la caravane — arrivée à la ville — chez le bijoutier.

22. *An Order difficult to carry out*

Ce roi aimait à se promener le soir dans les rues de Séville, cherchant les aventures. Une nuit, il se querella, dans une rue écartée, avec un homme qui donnait une sérénade. On se battit, et le roi tua le cavalier amoureux. Au bruit des épées, une vieille femme mit la tête à la fenêtre et éclaira la scène avec une petite lampe qu'elle tenait à la main. Il faut savoir que le roi avait un défaut physique singulier. Quand il marchait, ses rotules craquaient fortement. La vieille, à ce craquement, n'eut pas de peine à le reconnaître. Le lendemain, le chef de l'autorité municipale vint faire son rapport au roi.

— Sire, on s'est battu en duel, cette nuit, dans telle rue. Un des combattants est mort.

— Avez-vous découvert le meurtrier?

— Oui, sire.

— Pourquoi n'est-il pas déjà puni?

— Sire, j'attends vos ordres.

— Exécutez la loi.

Or le roi venait de publier un décret portant que tout duelliste serait décapité, et que sa tête demeurerait exposée sur le lieu du combat. Le magistrat se tira d'affaire en homme d'esprit. Il fit scier la tête d'une statue du roi et l'exposa dans la rue à l'endroit même où le duel avait eu lieu.

D'après PROSPER MÉRIMÉE

1. Dans quel pays se trouve Séville?
2. Donnez le nom de quelques pays d'Europe.
3. Pourquoi le roi aimait-il à se promener le soir dans la ville?
4. Que veut dire «donner une sérénade»?
5. Qui fut témoin du combat?
6. A quoi la vieille femme reconnut-elle le roi?
7. Comment le chef de l'autorité municipale savait-il que le roi avait tué un homme?
8. Que veut dire «décapiter»?
9. Quel décret le roi venait-il de publier?
10. Comment le chef exécuta-t-il la loi dans ce cas?
11. Racontez en quelques mots ce qui se passe: Le roi — ses promenades — la querelle — le duel — le roi est reconnu par une vieille femme — le rapport du chef — le décret — l'embarras du chef — comment il exécute la loi.

23. *Captured by Brigands*

— St! st!

Je levai les yeux. De chaque buisson sortaient trois ou quatre canons de fusil. Une voix cria:

— Asseyez-vous à terre!

Cette opération me fut d'autant plus facile, que mes genoux pliaient sous moi.

Tout l'arsenal sortit bientôt dans le chemin, et je pus regarder de près nos agresseurs.

La seule différence qui existe entre les diables et les brigands, c'est que les diables sont moins noirs qu'on ne le dit, et les brigands plus sales qu'on ne le suppose. Les huit scélérats qui se mirent en cercle autour de nous étaient d'une telle malpropreté, que j'aurais voulu leur donner mon argent avec des pincettes.

Le chef de la troupe se pencha vers moi et m'examina de si près que ses moustaches frôlèrent mon visage.

— Vide tes poches! dit-il enfin.

Je déposai sur la route une vingtaine de francs, mon tabac, ma pipe et mon mouchoir.

— Qu'est cela? demanda le brigand.

— Un mouchoir.

— Pourquoi faire?

— Pour me moucher.

— Tu n'es donc pas pauvre. Il n'y a que les milords qui se mouchent dans des mouchoirs.

D'après EDMOND ABOUT

1. Où les brigands s'étaient-ils cachés?
2. Quelles armes portaient-ils?
3. «Mes genoux pliaient sous moi» Pourquoi?
4. Que veut dire *tout l'arsenal*?
5. Comment étaient les brigands?
6. Pourquoi le voyageur aurait-il voulu leur donner son argent avec des pincettes?
7. A quoi servent les pincettes?
8. Qu'est-ce que le voyageur avait dans ses poches?
9. Pourquoi porte-t-on un mouchoir?
10. Les brigands emmènent les prisonniers à leur camp dans la montagne. Un des brigands raconte à un camarade ce qui s'est passé.

24. *A Spanish Inn*

Nous arrivâmes à l'auberge. Elle était telle que le capitaine me l'avait dépeinte, c'est-à-dire une des plus misérables que j'eusse encore rencontrées. Une grande pièce servait de cuisine, de salle à manger et de chambre à coucher. Sur une pierre plate, le feu se faisait au milieu de la salle, et la fumée sortait par un trou pratiqué dans le toit, formant un nuage à quelques pieds au-dessus du sol. Le long du mur, on voyait étendues par terre cinq ou six vieilles couvertures; c'étaient les lits des voyageurs. A vingt pas de la maison, ou plutôt de l'unique pièce que je viens de décrire, s'élevait une espèce de hangar servant d'écurie.

PROSPER MÉRIMÉE

1. Expliquez ce que c'est qu'une auberge. Où trouve-t-on des auberges?
2. Que fait-on dans une cuisine?
3. Combien de pièces cette auberge avait-elle? Et combien d'étages?
4. Où couchaient les voyageurs?
5. Qu'est-ce qu'une écurie? Quelle différence y a-t-il entre une écurie et une étable?
6. Décrivez un hôtel moderne: Nombreuses chambres — cabinets de toilette — salles de bains — eau courante — chauffage central — restaurant — salon de lecture — l'ascenseur — le téléphone — le service — les bonnes — les garçons.

25. *An Interview*

Un jeune employé était peu exact à son bureau. Bien souvent il n'arrivait qu'à deux heures, pour repartir à quatre. Le chef de bureau s'en plaignit et fit son rapport au directeur. Celui-ci manda le paresseux dans son bureau.

— Eh bien, monsieur, dit-il, il paraît que vous n'arrivez qu'à deux heures à votre bureau?

— Il est vrai, monsieur, que j'arrive un peu tard; la rue du Luxembourg est si loin de la rue des Saints-Pères, où je demeure . . .

— Mais, monsieur, on part une heure plus tôt.

— C'est ce que je fais, monsieur; mais les boulevards, avec les beaux magasins, vous arrêtent à chaque pas; une heure est bientôt passée. J'arrive devant le Café du Globe, mes amis me font signe; il faut bien déjeuner.

— Mais enfin, en deux heures, monsieur, on a fini tout cela et, parti de chez vous à neuf heures, vous pourriez être à votre bureau à onze.

— Oui, monsieur, mais au boulevard du Temple, il y a le billard chez Baudun . . .

— Le billard! dit vivement le directeur. Comment, monsieur! vous jouez au billard chez Baudun?

— Hélas, oui, monsieur le directeur . . .

— Eh! mais, comment cela se fait-il? Je ne vous y ai jamais rencontré!

1. Exprimez autrement: «Il était peu exact à son bureau.»
2. Combien de temps l'employé restait-il au bureau?
3. L'employé avait-il raison de dire qu'il arrivait *un peu* tard?
4. Où l'employé habitait-il? Où se trouvait le bureau?
5. Que voit-on d'intéressant sur les boulevards?
6. Pourquoi l'employé entre-t-il au café? Qu'est-ce qu'il y fait?
7. Où joue-t-il au billard? Qui aime aussi ce jeu?
8. Faites un petit résumé de cette anecdote: L'employé arrive très tard à son bureau — le chef de bureau se plaint — le directeur fait venir l'employé à son bureau — explications de l'employé — il habite très loin — les boulevards, les magasins — le café — ses amis — son déjeuner — le billard — réplique du directeur.

26. *A Hard Life for a Child*

— Et toi?

— Moi, je travaille.

— Toute la journée?

L'enfant leva ses grands yeux, où il y avait une larme qu'on ne voyait pas à cause de la nuit, et répondit doucement:

— Oui, monsieur.

Elle poursuivit après un intervalle de silence:

— Quelquefois, quand j'ai fini mon travail et qu'on veut bien, je m'amuse aussi.

— Comment t'amuses-tu?

— Comme je peux. On me laisse. Mais je n'ai pas beaucoup de joujoux. Ponine et Zelma ne veulent pas que je joue avec leurs poupées. Je n'ai qu'un petit sabre en plomb, pas plus long que ça.

L'enfant montrait son petit doigt.

— Et qui ne coupe pas?

— Si, monsieur, dit l'enfant, ça coupe la salade et les têtes de mouches.

Ils atteignirent le village; Cosette guida l'étranger dans les rues. Ils passèrent devant la boulangerie, mais Cosette ne songea pas au pain qu'elle devait rapporter. L'homme avait cessé de lui faire des questions et gardait maintenant un silence morne. Quand ils eurent laissé l'église derrière eux, l'homme, voyant toutes ces boutiques en plein vent, demanda à Cosette:

— C'est donc la foire ici?

— Non, monsieur, c'est Noël.

Comme ils approchaient de l'auberge, Cosette lui toucha le bras timidement.

— Monsieur?

— Quoi, mon enfant?

— Nous voilà tout près de la maison.

— Eh bien?

— Voulez-vous me laisser reprendre le seau à présent?

— Pourquoi?

— C'est que, si madame voit qu'on me l'a porté, elle me battra.

L'homme lui remit le seau.

VICTOR HUGO, *Les Misérables*

1. Pourquoi l'enfant doit-elle jouer toute seule?
2. Pourquoi a-t-elle peu de joujoux?
3. Qui sont ces deux fillettes, Ponine et Zelma? Qu'est-ce qu'elles ont pour s'amuser?
4. Et la petite servante, avec quoi joue-t-elle?
5. Pourquoi son petit sabre ne coupe-t-il pas très bien?
6. Où voit-on des mouches? En quelle saison y en a-t-il beaucoup? Pourquoi les mouches sont-elles des bêtes désagréables?
7. Qu'est-ce qu'une boulangerie? Comment appelle-t-on l'homme qui tient une boulangerie?
8. Quelles boutiques trouve-t-on dans la rue principale d'une petite ville?
9. Que voit-on dans une foire?
10. Imaginez la suite de cette histoire: L'enfant rentre — sa maîtresse veut savoir pourquoi elle n'a pas rapporté le pain — l'enfant lui parle de l'étranger — la maîtresse la gronde — l'enfant s'en va à la boulangerie — elle revient avec le pain.

27. *A Ferry-boat swept away*

Le bac, entraîné par le courant trop fort, tournait sur lui-même, sans avancer. A mesure que le bruit de l'écluse se rapprochait, le danger devenait plus effrayant. Madame des Arcis, qui était restée dans la voiture avec l'enfant, ouvrit la glace avec une terreur affreuse:

— Est-ce que nous sommes perdus? s'écria-t-elle.

A cet instant la perche rompit. Les deux hommes tombèrent dans le bateau, épuisès et les mains meurtries.

Le passeur savait nager, mais non le cocher. Il n'y avait pas de temps à perdre:

— Père Georgeot, dit madame des Arcis au passeur (c'était son nom), peux-tu me sauver, ma fille et moi?

Le père Georgeot jeta un coup d'œil sur l'eau, puis sur la rive:

— Certainement, répondit-il en haussant les épaules, d'un air presque offensé qu'on lui adressât une pareille question.

— Que faut-il faire? dit madame des Arcis.

— Vous mettre sur mes épaules, répliqua le passeur. Gardez votre robe, ça vous soutiendra. Empoignez-moi le cou à deux bras, mais n'ayez pas peur et ne vous cramponnez pas, nous serions noyés; ne criez pas, ça vous ferait boire. Quant à la petite, je la prendrai d'une main par la taille, je nagerai de l'autre et je la passerai en l'air sans la mouiller. Il n'y a pas trente mètres d'ici aux pommes de terre qui sont dans ce champ-là.

D'après ALFRED DE MUSSET

1. Qu'est-ce qu'un bac?
2. Où trouve-t-on des écluses?
3. Pourquoi la traversée de cette rivière était-elle dangereuse?
4. Qu'est-ce que c'est que la glace d'une voiture?
5. Avec quoi les hommes faisaient-ils avancer le bateau?
6. Qu'est-ce qu'un cocher?
7. Comment savons-nous que le père Georgeot était bon nageur?
8. Que devient le cocher?
9. Racontez brièvement ce qui se passe: La voiture — les voyageuses et le cocher — la rivière — le bac — la traversée — le courant entraîne le bateau vers l'écluse — le passeur sauve les voyageuses.

28. *Troubles of an Invisible Man*

(Without being aware of it, this man was carrying a magic walking-stick which made him invisible.)

Il prit la rue du Helder, qu'il suivit jusqu'à la rue des Trois-Frères. Arrivé là, il entendit une fenêtre s'ouvrir au-dessus de sa tête. Une jeune femme s'avança sur la balustrade, tenant à la main un vase de fleurs; c'étaient des fleurs d'automne, des roses du Bengale, des chrysanthèmes pourpres et blancs.

Ces fleurs n'étaient plus fraîches, on allait les renouveler.

La jeune femme regarde de tous côtés.

Personne! dit elle.

Et le monsieur invisible était sous la fenêtre.

— Personne!

Et puis elle jeta les fleurs dans la rue.

Le gros monsieur reçut toutes les fleurs et l'eau des fleurs, eau verdâtre et fétide, qui teignit avec une promptitude surprenante son gilet blanc.

Sa colère! elle est impossible à décrire.

Sa figure! elle était risible; heureusement on ne la voyait pas.

Des larmes vertes coulaient sur ses joues, des marguerites séparées du bouquet dans leur chute s'étaient arrêtées sur le bord de son chapeau, et lui donnaient l'air d'un berger; des chrysanthèmes étaient restés sur ses larges épaules; des roses s'étaient fixées par leurs épines sur ses bras, dans ses favoris, derrière le collet de son habit; c'était comme un buisson de fleurs, malheureusement de vieilles fleurs.

Honteux, furieux, il secoua tous ces bouquets et, ne pouvant se montrer nulle part en cet état, il retourna chez lui.

1. Est-ce que ce monsieur se sait invisible?
2. La jeune femme est-elle au rez-de-chaussée de la maison?
3. Que va-t-elle faire des fleurs?
4. Pourquoi regarde-t-elle de tous côtés?
5. Pourquoi l'eau du vase était-elle sale?
6. Comment le gros monsieur est-il habillé?
7. Qu'est-ce que c'est que ces «larmes vertes» qui coulent sur ses joues?
8. Pourquoi a-t-il l'air d'un berger?
9. Pour quelle raison doit-il rentrer chez lui?
10. A son retour chez lui, le monsieur raconte à sa femme ce qui lui est arrivé: Il marchait dans la rue — la jeune femme apparaît — elle lui jette les fleurs et l'eau — ses vêtements salis — il est obligé de rentrer.

29. *Distant Prospect of a Large Port*

Nous avions couché dans un village assez misérable, et nous en étions partis le matin, au point du jour. Longtemps nous avions suivi un chemin étroit bordé de vignes, lorsque soudain nos regards s'étendirent librement sur un espace immense, comme si un rideau, touché par une baguette magique, s'était subitement abaissé devant nous.

Un large fleuve coulait au pied de la colline sur laquelle nous venions d'arriver, et au delà du fleuve les toits et les clochers d'une grande ville s'étendaient jusqu'à la courbe indécise de l'horizon. Que de maisons! que de cheminées! Quelques-unes, plus hautes et plus étroites, élancées comme des colonnes, vomissaient des tourbillons de fumée noire, qui formait au-dessus de la ville un nuage de vapeur sombre. Au milieu du fleuve et le long d'une ligne de quais se trouvaient de nombreux navires qui, comme les arbres d'une forêt, emmêlaient les uns dans les autres leurs mâtures, leurs cordages, leurs voiles et leurs pavillons multicolores qui flottaient au vent.

1. Où les voyageurs avaient-ils passé la nuit?
2. Où cultive-t-on la vigne?
3. Comment s'appelle le fruit de la vigne?
4. Qu'est-ce qu'on fait avec ce fruit?
5. Où pose-t-on généralement des rideaux?
6. Donnez le nom de quelques grands fleuves.
7. Comment appelle-t-on les petits cours d'eau?
8. Quelles étaient les hautes cheminées qu'on voyait?
9. Pourquoi pense-t-on à une forêt quand on voit un grand nombre de navires?
10. Quels pavillons voit-on dans un grand port comme Marseille ou Liverpool?

30. *His Luck was out!*

Un soir, au moment de se mettre à table, on s'aperçoit qu'il n'y a plus une goutte d'eau dans la maison.

— Si vous voulez, j'irai en chercher, dit ce bon enfant de Jacques.

Et le voilà qui prend la cruche, une grosse cruche de grès.

M. Eyssette hausse les épaules:

— Si c'est Jacques qui y va, dit-il, la cruche est cassée, c'est sûr.

— Tu entends, Jacques, — c'est Mme Eyssette qui parle avec sa voix tranquille, — tu entends, ne la casse pas, fais bien attention.

M. Eyssette reprend:

— Oh! tu as beau lui dire de ne pas la casser, il la cassera tout de même.

Ici, la voix éplorée de Jacques:

— Mais enfin, pourquoi voulez-vous que je la casse?

— Je ne veux pas que tu la casses, je te dis que tu la casseras, répond M. Eyssette, et d'un ton qui n'admet pas de réplique.

Jacques ne réplique pas; il prend la cruche d'une main fiévreuse et sort brusquement avec l'air de dire:

— Ah! je la casserai? Eh bien, nous allons voir!

Cinq minutes, dix minutes s'écoulent; Jacques ne revient pas. Mme Eyssette commence à se tourmenter:

— Pourvu qu'il ne lui soit rien arrivé!

— Parbleu! que veux-tu qu'il lui soit arrivé? dit M. Eyssette d'un ton bourru. Il a cassé la cruche et n'ose plus rentrer.

Mais tout en disant cela, — avec son air bourru, c'était le meilleur homme du monde, — il se lève et va ouvrir la porte pour voir un peu ce que Jacques était devenu. Il n'a pas loin à aller: Jacques est debout sur le palier, devant la porte, les mains vides, silencieux, pétrifié. En voyant M. Eyssette, il pâlit, et d'une voix navrante et faible, oh! si faible: «Je l'ai cassée», dit-il . . . Il l'avait cassée! . . .

ALPHONSE DAUDET, *Le Petit Chose*
(Fasquelle, éditeur)

1. Qui va chercher de l'eau?
2. Dans quoi va-t-il la porter?
3. Expliquez: la voix *éplorée* de Jacques.
4. Qu'est-ce qui fait penser que M. Eyssette est sévère pour ses enfants?
5. Combien de temps mettait-on généralement à chercher de l'eau?
6. Qu'est-ce qu'on commence à croire quand Jacques ne revient pas?

7. Qu'est-ce que c'est qu'un palier?
8. Pourquoi Jacques n'osait-il pas rentrer?
9. Pourquoi pâlit-il en voyant son père?
10. Faites un petit résumé de cette histoire: La famille Eyssette — la sévérité du père — la mère — les fils — le commencement du repas — Jacques va chercher de l'eau — que dit le père? — Jacques sort avec la cruche — il ne revient pas — le père va ouvrir la porte — Jacques sur le palier — il a cassé la cruche.

31. *Departure of an Old Servant*

— Vous voilà donc marié, mon cher Arthur? lui dis-je en riant.

— Que voulez-vous, monsieur! me dit-il; j'avais donné ma parole.

— Et vous avez bien fait, mon ami; puissiez-vous être content de votre femme! Il faudra donc nous séparer?

— Oui, monsieur; nous comptons aller nous établir près de Gannat.

— Et quand voulez-vous me quitter?

Ici Arthur baissa les yeux d'un air embarrassé, et répondit:

— Ma femme a trouvé un voiturier de son pays qui retourne avec sa voiture vide, et qui part aujourd'hui. Ce serait une belle occasion . . . cependant . . . ce sera quand il plaira à monsieur . . . mais une semblable occasion se trouverait difficilement.

— Eh quoi! si tôt? lui dis-je. Un sentiment de regret et d'affection, mêlé d'une forte dose de dépit, me fit garder un instant le silence.

— Allons, dis-je assez durement, je ne vous retiendrai point; partez à l'heure même, si cela vous convient.

Arthur pâlit.

— Oui, partez, mon ami, allez trouver votre femme; soyez toujours aussi bon, aussi honnête que vous l'avez été avec moi.

Nous fîmes quelques arrangements; je lui dis tristement adieu; il sortit.

1. Pourquoi le domestique veut-il partir?
2. Où les époux vont-ils s'établir?
3. Qu'est-ce qu'un voiturier?

4. Pourquoi Arthur veut-il partir tout de suite?
5. Pourquoi le maître regrette-t-il de voir partir son domestique?
6. Quelles sont les qualités d'un bon domestique?
7. «Nous fîmes quelques arrangements.» Qu'est-ce que cela veut dire?
8. Imaginez la suite de cette histoire: Arthur va trouver sa femme — il lui raconte comment il a pris congé de son maître — ils trouvent le voiturier — ils chargent leurs bagages sur la voiture — ils partent.

32. *The Lady's Father objects*

— Oui, monsieur, et je vous répète que je suis bien éloigné de supposer que vous puissiez me la donner pour femme; mais comme il n'y a que cela au monde qui pourrait m'empêcher de mourir, si vous croyez en Dieu, comme je n'en doute pas, vous comprendrez la raison qui m'amène.

— Que je croie en Dieu ou non, cela ne te regarde pas; je n'entends pas qu'on m'interroge; réponds d'abord: où as-tu vu ma fille?

— Dans la boutique de mon père et dans cette maison, lorsque j'y ai apporté des bijoux pour mademoiselle Julie.

— Qui est-ce qui t'a dit qu'elle s'appelle Julie? Mais qu'elle s'appelle Julie ou Javotte, sais-tu ce qu'il faut, avant tout, pour oser prétendre à la main de ma fille?

— Non, je l'ignore absolument, à moins que ce ne soit d'être aussi riche qu'elle.

— Il faut autre chose, mon cher, il faut un nom.

— Eh bien! je m'appelle Croisilles.

— Tu t'appelles Croisilles, malheureux! Est-ce un nom que Croisilles?

— Ma foi, monsieur, c'est un aussi beau nom que Godeau.

— Tu es un impertinent et tu me le payeras!

— Eh! mon Dieu, monsieur, ne vous fâchez pas; je n'ai pas la moindre envie de vous offenser. Si vous voyez là quelque chose qui vous blesse, et si vous voulez m'en punir, il est inutile de vous mettre en colère; en sortant d'ici, je vais me noyer.

ALFRED DE MUSSET

1. Pourquoi le jeune homme s'est-il présenté chez le monsieur?
2. Qu'a-t-il l'intention de faire si on lui refuse la main de la jeune fille?
3. Le père tutoie Croisilles, mais Croisilles lui dit «vous». Pourquoi cela?
4. Quel métier le père de Croisilles exerçait-il?
5. Comment Croisilles a-t-il fait la connaissance de la demoiselle?
6. Qu'est-ce que monsieur Godeau entend par *un nom*?
7. Pourquoi se fâche-t-il?
8. Pourquoi Croisilles veut-il se suicider?
9. Quelques jours plus tard Croisilles apprend qu'il a hérité d'une grosse fortune. Il revient voir monsieur Godeau. Imaginez leur conversation.

33. *The Magic Walking-stick*

(Any person grasping the stick with the left hand became invisible)

Pendant ce temps, les deux champions se disputent la canne; tous deux la tiennent de la main gauche.

Le commissaire arrive.

— Où sont-ils?

Plus de combattants.

— Vous m'aviez dit que deux hommes se battaient! Je ne les vois pas, dit M. le commissaire.

— Ah! je les entends, reprend la servante; ils sont sans doute dans l'autre rue . . .

Enfin les deux ennemis, tout à fait épuisés, lâchent la canne tous deux en même temps et viennent tomber aux pieds de M. le commissaire. La canne est tombée avec eux.

M. le commissaire, d'un air très majestueux, la ramasse. Comme il a besoin de toute son éloquence, et qu'il parle plus facilement de la main droite, il prend la canne de la main gauche.

Plus de commissaire!

Éclipse totale d'un commissaire de police!!

— Ah! dit le marchand de vin aux deux querelleurs, M. le commissaire est là qui va vous mettre à la raison. Eh bien! où est-il donc, M. le commissaire? Il était là il n'y a qu'un instant.

— Je l'entends qui parle, dit quelqu'un.

En effet, M. le commissaire, quoique invisible, n'en était pas moins conciliant. Son attitude était très noble, son air très calme; malheureusement ce beau maintien était perdu.

Enfin Joseph, revenu à lui-même, demande sa canne; il crie qu'on lui a volé sa canne, et M. le commissaire, pour la lui rendre avec plus de dignité, la fait passer dans sa main droite.

M. le commissaire reparaît!

1. Que devient celui qui tient la canne de la main gauche?
2. Pourquoi le commissaire ne voit-il pas les combattants?
3. Qui avait prévenu le commissaire que deux hommes se battaient dans la rue?
4. Pourquoi les combattants reparaissent-ils?
5. On dit que le commissaire «parle plus facilement de la main droite». Expliquez.
6. Qu'arrive-t-il quand le commissaire prend la canne de la main gauche?
7. Pourquoi continue-t-il de parler, bien que personne ne le voie?
8. A qui est la canne?
9. Qu'est-ce qui arrive quand le commissaire fait passer la canne dans sa main droite?
10. Racontez ce qui se passe: La canne magique — deux hommes se battent — chacun tient la canne de la main gauche — ils sont invisibles — on envoie chercher le commissaire — pas de combattants — les hommes lâchent la canne et reparaissent — le commissaire prend la canne et disparaît — il fait passer la canne dans sa main droite et reparaît.

34. *A nice little Boy meets a Ragamuffin*

Trott joue sur la plage. Derrière la villa de maman il y a une jolie petite plage, toute petite: presque personne n'y vient. On permet à Trott d'aller y jouer tout seul, en lui défendant seulement de s'approcher trop de la mer. D'ailleurs Jane est assise au jardin, et de temps en temps elle lui jette un coup d'œil sans en avoir l'air.

Trott a pris sa pelle. Il a fait un trou énorme et une énorme montagne, presque aussi haute, pas tout à fait pourtant, que les gros rochers qui se baignent dans l'eau ou qui dorment sur le sable.

— Monsieur Trott, venez vite chercher votre goûter.

Trott grimpe la pente et reçoit des mains de Jane un morceau de chocolat et un croissant. Il retourne à sa montagne. C'est ennuyeux de manger debout. La montagne va se changer en fauteuil. Trott s'assied dessus, les pieds dans le trou. Il se met à grignoter son chocolat à petits coups.

Qu'est-ce que c'est que ça? Il y a une ombre devant Trott. Trott lève le nez. C'est un petit garçon. Il est très sale et il a de vilains habits. Sa figure est toute noire, ses mains aussi. Trott lève sa pelle d'un air menaçant:

— Va-t'en!

Le petit garçon met son coude sur ses yeux; il recule de trois pas, puis s'assied par terre en face de Trott et le regarde.

ANDRÉ LICHTENBERGER, *Mon Petit Trott*
(Librairie Plon, éditeurs)

1. Qu'est-ce qu'une plage?
2. Qu'est-ce qu'on voit sur les plages en été?
3. Comment les gens s'amusent-ils au bord de la mer?
4. Quel âge donnez-vous à Trott?
5. Pourquoi ne doit-il pas trop s'approcher de la mer?
6. Qui est Jane? Où est-elle? Que fait-elle?
7. Avec quoi Trott creuse-t-il un trou? Où creuse-t-il ce trou?
8. Quand les enfants prennent-ils leur goûter?
9. Qu'est-ce qu'un croissant?
10. A quoi voit-on que le nouveau-venu est très pauvre?
11. Pourquoi met-il son coude sur ses yeux?
12. Les deux enfants se mettent à causer ensemble. Chacun parle de sa famille. Imaginez ce qu'ils se disent.

35. *Tranquil Country Pursuits*

Avant midi je quittais mes livres et, si le déjeuner n'était pas prêt, j'allais faire visite à mes amis les pigeons, ou travailler au jardin en attendant l'heure. Quand je m'entendais appeler, j'accourais fort content et muni d'un grand appétit, car, quelque malade que je sois, l'appétit ne me manque jamais. Nous déjeunions très agréablement, en causant de nos affaires et des occupations de la matinée. Deux ou trois fois par semaine, nous allions derrière la maison prendre le café sous une tonnelle, que j'avais garnie de plantes grimpantes . . . Le repas fini, nous passions une demi-heure à visiter nos fleurs et nos légumes. J'avais au fond du jardin une autre petite famille: c'étaient les abeilles. Je m'intéressais beaucoup à leur ouvrage. Je m'amusais infiniment à les voir revenir de la picorée, leurs petites cuisses si chargées qu'elles avaient peine à marcher.

D'après JEAN-JACQUES ROUSSEAU

1. Comment l'auteur passait-il généralement la matinée?
2. Que faisait-il s'il avait un peu de loisir avant l'heure du repas?
3. Pourquoi était-il content quand on lui annonçait que le repas était prêt?
4. Quand est-ce qu'on prend le café? Que boit-on pendant le repas?
5. Où ces gens prenaient-ils le café quand il faisait beau?
6. Quelles plantes et quelles bêtes voyait-on dans le jardin?
7. Quel nom donne-t-on à une colonie d'abeilles?
8. Que nous donnent les abeilles?
9. Décrivez le travail des abeilles.

36. *A Child blinded by Gunpowder*

Un malheur arriva à la maison justement à cause de la trop grande bonté de notre père. Un jour, mon frère, qui était plus âgé d'un an que moi, était descendu à la carrière. C'était l'automne, il faisait froid. Le pauvre enfant avait allumé un petit feu de fougères sèches pour chauffer ses petites mains contre la flamme. Mon père lui dit: «Prends garde, Gratien, de ne pas toucher à une poussière noire qui est là dans un papier auprès de mon carnier; elle saute aux yeux quand on l'approche du feu.» Mais le pauvre enfant, qui n'était jamais grondé, voulut voir comment cette poussière noire sautait aux yeux. Il alla en prendre une pleine main pendant que mon père, tout occupé de son ouvrage, ne faisait plus attention à lui. Il la jeta sur le feu; la poudre jeta une grande flamme et l'aveugla. Depuis ce temps, Gratien n'y voyait plus pour se conduire. Ses yeux étaient clairs et beaux tout de même. La poudre ne lui avait brûlé que la vue. Vous ne l'auriez pas dit aveugle, mais il n'y voyait que le soleil dehors et le feu à la maison. Ce fut un bien grand malheur dans les Huttes. Tout le monde vint pleurer avec ma mère. L'enfant avait sept ans. Il ne pouvait plus se conduire. Il était toujours pendu au tablier de notre mère, à la main de son père ou à la mienne. Notre pauvre père eut tant de chagrin d'avoir été cause du malheur qu'il en mourut l'hiver d'après.

ALPHONSE DE LAMARTINE

1. Pourquoi y avait-il beaucoup de fougères sèches?
2. Pourquoi l'enfant avait-il fait du feu?
3. Que tire-t-on d'une carrière?
4. Qu'arrive-t-il quand on met de la poudre à canon sur le feu?
5. Pourquoi était-il difficile de croire que l'enfant était presque aveugle?
6. Que voyait-il encore?
7. Expliquez: «Il était toujours pendu au tablier de notre mère.»
8. Quel fut l'effet de ce malheur sur la santé du père?
9. Racontez en quelques mots comment l'accident arriva: L'automne — le temps froid — la carrière — le père travaille — l'enfant allume du feu — la poudre à canon — le père dit à l'enfant de ne pas y toucher — l'enfant en jette sur le feu — la poudre saute — l'enfant devient aveugle — mort du père.

37. *New-comers to Society*

— C'est très amusant, le grand monde, disait madame Blandais; moi j'aime Paris; le séjour de Paris me convient, c'est dommage que tout y coûte si cher! Sais-tu que depuis trois mois que nous sommes ici, nous avons déjà dépensé quatre cents francs?

— Quatre cents francs! répéta Clarisse avec étonnement, c'est beaucoup.

— C'est énorme! mais cet argent ne sera point perdu, si tu as des succès, et si tu te fais connaître; cette soirée a déjà réussi.

— Ai-je bien dit mes vers, maman? demanda Clarisse.

— Oui, très bien, seulement tu ne parles pas assez fort, dans l'autre salon on ne t'entendait pas.

— Ah! tant pis pour ceux qui y étaient! Je ne veux pas crier, moi; et puis j'avais peur; il y avait là de petites femmes très méchantes: l'une d'elles s'est moquée de mes souliers noirs, j'ai entendu ce qu'elle disait; une autre a repris, pour m'excuser: «Elle est depuis si peu de temps à Paris!»

— Le comte de D—— est un bien bel homme, dit madame Blandais.

— Oui, mais il ne me plaît pas, j'aime mieux M. de Lamartine. Oh! quelle jolie figure!

Tancrède allait être jaloux quand elle ajouta:

— Ah! mais il y avait là un beau jeune homme; l'as-tu vu?

— Non . . .

— Tu ne l'as pas vu? Il était bien remarquable cependant, car il avait son chapeau sur sa tête, ce qui m'a paru singulier.

— Tu es folle, ma fille, un jeune homme ne se serait pas permis de garder son chapeau dans le salon de madame de D——.

— Je t'assure, maman, que j'ai vu, chez madame de D——, un jeune homme qui avait son chapeau sur sa tête, que ce jeune homme m'a beaucoup regardée, et que jamais de ma vie je n'ai vu de si beaux yeux; il avait un regard, un regard qu'on retient, qu'on emporte; jamais je n'oublierai ces yeux-là, je les vois toujours.

1. Quels sont les gens qui forment *le grand monde*?
2. Depuis combien de temps les dames sont-elles à Paris?
3. Quelle différence ont-elles remarquée entre la vie de Paris et la vie de province?
4. Que font les invités qui assistent à une soirée?
5. Qu'a fait la jeune fille pour divertir les invités?
6. Pourquoi aurait-elle dû parler plus fort?
7. De qui avait-elle peur?
8. Comment savons-nous que ses souliers n'étaient pas à la mode?
9. Que font généralement les messieurs quand ils entrent dans une maison?
10. Expliquez pourquoi la jeune fille est si émue.

38. *Too Good a Story!*

Ce soir-là, j'arrivai très en retard. Ma mère, qui m'attendait depuis une grande heure, guettait, debout, en haut de l'escalier.

— D'où viens-tu? me cria-t-elle.

Je ne savais que répondre. Je n'avais rien trouvé, rien préparé. J'étais venu trop vite . . . Tout à coup il me passa une idée folle. Je savais la chère femme très pieuse, et je lui répondis dans tout l'essoufflement d'une grande émotion:

— Oh maman . . . Si vous saviez! . . .

— Quoi donc? . . . Qu'est-ce qu'il y a encore? . . .

— Le pape est mort.

— Le pape est mort! . . . fit la pauvre mère, et elle s'appuya toute pâle contre la muraille. Je passai vite dans ma chambre, un peu effrayé de mon succès et de l'énormité du mensonge; pourtant j'eus le courage de le soutenir jusqu'au bout. Je me souviens d'une soirée triste et douce, le père très grave, la mère atterrée . . . On causait bas autour de la table. Moi, je baissais les yeux; mais mon escapade s'était si bien perdue dans la désolation générale que personne n'y pensait plus.

ALPHONSE DAUDET, *Contes du Lundi*
(Fasquelle, éditeur)

1. Pourquoi l'enfant arriva-t-il en retard?
2. Où sa mère l'attendait-elle?
3. Depuis combien de temps l'attendait-elle?
4. Que veut dire «une grande heure»?
5. Pourquoi l'enfant trouva-t-il difficile d'inventer une histoire?
6. Quand est-ce qu'on est *essoufflé*?
7. Qu'est-ce que le pape? Où habite-t-il?
8. Pourquoi la mère éprouva-t-elle une forte émotion quand on lui dit que le pape était mort?
9. Qu'est-ce qu'un mensonge?
10. Imaginez ce qui se passe le lendemain matin: On regarde le journal — pas de nouvelles du pape — les parents questionnent l'enfant — celui-ci avoue son mensonge — on le punit.

39. *A Fishing-boat wrecked during a Stormy Night*

Tout à coup, comme ils s'avançaient en pleine mer, le vent s'éleva, et les flots, d'abord si calmes, commencèrent à s'agiter. Césaro fronça le sourcil et regarda de tous côtés autour de lui avec inquiétude.

En effet, la tempête s'annonçait terrible, et déjà les vagues furieuses s'élevaient au-dessus de la barque et l'inondaient. Césaro et le pêcheur, n'ayant plus l'espoir de diriger la barque, s'empressèrent de la vider à mesure que les lames la remplissaient. Le petit Italien venait d'être pris du mal de mer; heureusement, car ses douleurs l'occupèrent assez pour l'empêcher d'entraver la manœuvre par ses contorsions. D'ailleurs il ne savait rien faire que gémir et offrir de l'argent à tout le monde: je crois que, s'il avait conservé sa présence d'esprit, il eût offert aussi de l'argent à la tempête pour l'apaiser.

La nuit les surprit dans ces angoisses. Tantôt la barque s'élevait rapidement sur une vague comme sur une haute montagne, tantôt elle retombait comme précipitée dans un gouffre.

Les malheureux enfants (car le jeune pêcheur avait à peine quinze ans) furent ainsi ballottés toute la nuit. Ils ne savaient plus dans quelles régions ils se trouvaient; un bruit faible annonçait pourtant un voisin rivage.

«Nous allons périr, dit le pêcheur, nous sommes sur des rochers.»

Mais ses compagnons n'entendaient pas sa voix, que la voix de la tempête étouffait. Au même instant la barque reçut un choc terrible et se brisa.

1. Qu'est-ce qu'un pêcheur?
2. Dans quelle sorte de bateau les hommes voyageaient-ils?
3. Quel temps faisait-il quand ils partirent?
4. Quand a-t-on le mal de mer?
5. Pourquoi l'Italien offrait-il de l'argent à tout le monde?
6. Comment savons-nous que la mer était très grosse?
7. Quel âge avait le pêcheur?
8. Qu'arriva-t-il quand la barque se jeta sur les rochers?
9. Imaginez la suite de cette histoire: Les hommes grimpent sur les rochers — ils se trouvent dans un beau pays — ils font des explorations — ils arrivent enfin à une ville, où ils sont reçus par la reine — ils lui racontent ce qui leur est arrivé.

40. *The Cow*

Pour le naturaliste, la vache est un animal ruminant; pour le promeneur, c'est une bête qui fait bien dans le paysage lorsqu'elle lève au-dessus des herbes son mufle noir humide de rosée; pour l'enfant des villes, c'est la source du café au lait et du fromage à la crème; mais pour le paysan, c'est bien plus. Si pauvre qu'il puisse être et si nombreuse que soit sa famille, il est assuré de ne pas souffrir de la faim tant qu'il a une vache dans son étable. Avec une corde, un enfant promène la vache le long des chemins herbus, là où la pâture n'appartient à personne, et le soir la famille entière a du beurre dans sa soupe et du lait pour mouiller ses pommes de terre: le père, la mère, les enfants, les grands comme les petits, tout le monde vit de la vache.

1. Qu'est-ce qu'un naturaliste?
2. Que mangent les vaches en été? Que mangent-elles en hiver?
3. Qu'est-ce que le mufle d'une bête?
4. Quand y a-t-il de la rosée sur l'herbe?
5. Qu'est-ce que les vaches nous donnent?
6. Quels aliments peut-on faire avec le lait?
7. Où loge-t-on les vaches?
8. Qu'est-ce qu'un chemin *herbu*?
9. Décrivez une vache.

41. *A Pumpkin of Fabulous Size*

Césaro ne revenait point de sa surprise. Une ardente curiosité le tourmentait aussi; il mourait d'envie de demander à la reine comment elle avait trouvé ses macaronis.

Enfin il demanda d'une voix tremblante:

— Reine . . . oserai-je . . . comment . . . les macaronis . . .

— Étaient excellents, interrompit la reine, voyant son trouble, et c'est à eux que vous devez la faveur dont je vous honore, ajouta-t-elle en souriant. Je ne suis pas aussi gourmande que le prétendent mes sujets, ni aussi folle que je daigne leur paraître. L'agriculture souffrait beaucoup dans ce pays lorsque je montai sur le trône. Le blé était mauvais, les plantes étaient sans suc, les fruits sans saveur, les vignes, presque stériles, ne donnaient qu'un vin sans chaleur; je me suis faite gourmande et, depuis ce temps, le blé de ce pays est le plus blanc qu'on puisse voir, les vins y sont peut-être meilleurs que les bons vins de France, les oignons sont gros comme des pommes, les pommes sont grosses comme des citrouilles, les citrouilles comme des maisons. On raconte même à ce sujet l'histoire de deux voleurs qui se réfugièrent dans un potiron, qu'ils avaient taillé comme une caverne. Ils y demeurèrent longtemps en sécurité; malheureusement l'automne arriva, et l'on voulut cueillir la citrouille. Ils furent obligés de s'enfuir en laissant tout leur butin, qui se montait, dit-on, à deux millions; ce fut une bonne trouvaille pour le propriétaire.

1. Quel plat Césaro a-t-il préparé pour la reine?
2. On dit qu'il éprouve une ardente curiosité. Que veut-il savoir?
3. Dans quels pays mange-t-on beaucoup de macaronis?
4. Qu'est-ce qu'un gourmand?
5. Qu'est-ce qu'on cultivait dans ce pays?
6. On dit que les vignes étaient presque *stériles*. Expliquez.
7. Dans quels pays cultive-t-on la vigne?
8. Décrivez une citrouille.
9. Pourquoi les voleurs furent-ils obligés de quitter leur citrouille?
10. A qui appartenait le trésor trouvé dans la citrouille?
11. Décrivez les produits agricoles du pays avant et après l'avènement de la reine, et racontez brièvement l'histoire de la citrouille et des deux voleurs.

42. *Military Operations in the Desert*

Un torrent coule au fond du ravin: nous prenons le torrent, c'est-à-dire que nous le remontons au petit pas, dans un sentier tracé par les mulets arabes. A chaque instant, il faut passer d'une rive sur l'autre. On se mouille les pieds, on glisse, on se ramasse, mais personne ne s'arrête: le fouet pousse les bêtes, le devoir fouette les hommes, et nous allons devant nous pendant une bonne heure bouche cousue, l'œil au guet. Paf! un éclair brille sur notre droite, la détonation suit, et un cri formidable répond. C'est un turco de l'avant-garde; il a l'épaule fracassée, et il hurle comme un million de chacals. Le général pousse au blessé; je le suis, tandis que vingt hommes, la baïonnette en avant, battent tous les buissons du voisinage. Pas plus d'Arabes que sur la main; c'est l'ordinaire: mais en revanche le premier qui met le pied sur le plateau nous montre à l'horizon trois villages éclairés comme pour un bal. L'ennemi se gardait à merveille, et c'était nous qui étions surpris.

— Halte! dit le général. Puisque nous sommes attendus là-bas, il n'y a plus qu'une précaution à prendre: c'est d'y arriver tous, et aussi frais que possible.

Il fait cerner la masse de rochers où nous étions, développe une compagnie en tirailleurs, trois par trois, pour éviter les surprises, et dit au reste de la troupe:

— Reposez-vous, séchez-vous, réchauffez-vous, faites le café, fumez vos pipes ou vos cigares, débâtez vos mulets, donnez-leur à manger, dormez si bon vous semble, mais que tout le monde soit prêt à sept heures du matin!

EDMOND ABOUT

1. Comment appelle-t-on l'immense désert de l'Afrique du Nord?
2. Comment s'appellent les habitants de ces contrées?
3. Décrivez un mulet.
4. Qu'est-ce qu'un sentier?
5. Que signifie *bouche cousue*?
6. L'auteur parle d'un éclair, d'une détonation et d'un cri. Qu'est-ce qui se passa?
7. Quels étaient les villages qu'on voyait?
8. Que fait le général pour éviter les surprises?
9. A quelle heure les soldats vont-ils repartir le lendemain?
10. Racontez ce qui se passe: La colonne qui avance dans le désert contre les Arabes — on remonte le torrent — le coup de feu — le blessé — on ne trouve point d'ennemi — les villages arabes — on fait halte — recommandations du général.

43. *Between Brothers*

CHER DANIEL,

Ma lettre va bien te surprendre. Tu ne te doutais pas, hein? que je fusse à Paris depuis quinze jours. J'ai quitté Lyon sans rien dire à personne . . . Que veux-tu? je m'ennuyais dans cette horrible ville, surtout depuis ton départ.

Je suis arrivé ici avec trente francs et cinq ou six lettres de M. le curé de Saint-Nizier. Heureusement la Providence m'a protégé tout de suite, et m'a fait rencontrer un vieux marquis chez lequel je suis entré comme secrétaire. Nous mettons en ordre ses mémoires; je n'ai qu'à écrire sous sa dictée, et je gagne à cela cent francs par mois. Ce n'est pas brillant, comme tu vois; mais, tout compte fait, j'espère pouvoir envoyer de temps en temps quelque chose à la maison sur mes économies . . .

Tu sauras, mon bon Daniel, que notre père est en Bretagne, où il fait le commerce du cidre pour le compte d'une compagnie. En apprenant que j'étais le secrétaire d'un marquis, il a voulu que je place quelques tonneaux de cidre chez lui. Par malheur le marquis ne boit que du vin, et du vin d'Espagne encore! J'ai écrit cela au père; sais-tu ce qu'il m'a répondu? — Jacques, tu es un âne! — comme toujours. Mais c'est égal, mon cher Daniel, je crois qu'au fond il m'aime beaucoup.

Quant à maman, tu sais qu'elle est seule maintenant. Tu devrais bien lui écrire, elle se plaint de ton silence . . .

Je t'embrasse. Ton frère,

JACQUES.

ALPHONSE DAUDET, *Le Petit Chose* (Fasquelle, éditeur)

1. Depuis combien de temps Jacques est-il à Paris?
2. Quelle ville habitait-il avant de venir à Paris?
3. Pourquoi a-t-il quitté cette ville?
4. Quel emploi a-t-il trouvé dans la capitale? Quel travail fait-il? Combien gagne-t-il?
5. Comment savons-nous que sa famille est pauvre?
6. Où est le père? Quel est son emploi?
7. Comment le père a-t-il voulu profiter de la situation de Jacques?
8. Pourquoi Jacques ne peut-il pas placer de cidre chez le marquis?
9. Comment savons-nous que Daniel n'a pas écrit à sa mère depuis longtemps?
10. Qu'est-ce que le père dit toujours à Jacques quand il est contrarié?

44. *The Sins of Yesterday*

Miss commence par la question habituelle: «Trott, quel a été hier votre plus grand péché?»

Trott déteste cette manière d'entrer en conversation. Il

faut tout de suite se livrer à des efforts de mémoire fatigants et désagréables . . . Trott a commis hier beaucoup de péchés. Quel est le plus grand? Il a renversé son verre à déjeuner, il a laissé ses légumes, puis redemandé trois fois de la crème. Il a versé un peu d'encre dans le café de la vieille Thérèse pour voir sa figure quand elle le boirait; ça lui a presque donné une attaque. Il a enfermé Puss dans le salon sans y faire attention; ce qui en est résulté, Trott ne vous le dira pas, il est trop bien élevé, mais maman l'a senti. Sans doute, c'est la faute de Puss, mais c'est bien un peu de celle de Trott aussi. Tout cela, c'est bien grave, mais il y a pire encore. Oh! oui, voilà le grand péché. Hier maman a mené Trott chez le dentiste pour arranger un tout petit trou qu'il avait dans une dent. Quand Trott a senti l'odeur de la salle de torture, quand il a vu le dentiste, le grand fauteuil, les instruments d'acier, les roues, les pinces, les limes et tout le reste, il s'est mis à se débattre de toutes ses forces et à braire comme un petit âne, tant que maman en a été toute bouleversée, a tiré son mouchoir et s'est mise à pleurer sur le canapé.

ANDRÉ LICHTENBERGER, *Mon Petit Trott*
(Librairie Plon, éditeurs)

1. Qu'est-ce que les Français entendent par une *miss*?
2. Expliquez ce que c'est qu'un péché.
3. Pourquoi y a-t-il des verres sur la table au moment des repas?
4. Quel est le plat que Trott n'aime pas?
5. De quoi obtient-on la crème?
6. Quel méchant tour Trott a-t-il joué à Thérèse?
7. Qu'est-ce que ce Puss, dont on parle ici?
8. En quoi consiste le travail d'un dentiste?
9. Pourquoi appelle-t-on le cabinet d'un dentiste *la salle de torture*?
10. Pourquoi Trott s'est-il mis à se débattre et à crier?
11. La mère de Trott rencontre une amie et lui décrit les vilaines choses que Trott a faites. Imaginez la conversation entre les deux dames.

45. *A Token graciously given*

Mademoiselle Godeau, pendant ce temps-là, n'était pas aussi loin qu'on pouvait le croire; elle s'était, il est vrai, retirée par obéissance pour son père; mais, au lieu de regagner sa chambre, elle était restée à écouter derrière la porte. Lorsqu'elle vit l'entretien terminé et Croisilles près de sortir, elle traversa rapidement le salon où elle se trouvait, ne voulant pas être surprise aux écoutes, et elle se dirigea vers sa chambre; mais presque aussitôt elle revint sur ses pas. L'idée que Croisilles allait peut-être réellement se donner la mort lui troubla le cœur malgré elle. Sans se rendre compte de ce qu'elle faisait, elle marcha à sa rencontre; le salon était vaste, et les deux jeunes gens vinrent lentement au-devant l'un de l'autre. Croisilles était pâle comme la mort, et mademoiselle Godeau cherchait vainement quelque parole qui pût exprimer ce qu'elle sentait. En passant à côté de lui, elle laissa tomber à terre un bouquet de violettes qu'elle tenait à la main. Il se baissa aussitôt, ramassa le bouquet et le présenta à la jeune fille pour le lui rendre; mais, au lieu de le reprendre, elle continua sa route sans prononcer un mot, et entra dans le cabinet de son père. Croisilles, resté seul, mit le bouquet dans son sein, et sortit de la maison le cœur agité, ne sachant trop que penser de cette aventure.

ALFRED DE MUSSET

1. Pourquoi cette demoiselle s'est-elle retirée de la pièce où est son père?
2. Pourquoi ne peut-elle s'empêcher d'écouter derrière la porte?
3. Quels meubles se trouvent généralement dans un salon? Qu'est-ce qu'on fait dans un salon?
4. Remplacez *entretien* par un autre mot.
5. Pourquoi mademoiselle Godeau est-elle inquiète au sujet de Croisilles?
6. Comment lui montre-t-elle qu'elle l'aime?
7. Veut-elle que le jeune homme lui rende son bouquet?
8. Où trouve-t-on des violettes? Comment sont ces fleurs?
9. Racontez brièvement ce qui se passe: Croisilles chez M. Godeau — pourquoi? — le père dit à sa fille de se retirer — elle écoute derrière la porte — ce qu'elle entend — elle s'en va et revient au moment où Croisilles sort — elle laisse tomber son bouquet — Croisilles le ramasse — la demoiselle ne le reprend pas — Croisilles sort.

46. *Too Tired to finish his Prayers*

— Hélas! tu ne l'as donc pas oubliée, toi, ta pauvre chère mère?

— Non, puisque je l'ai vu mettre dans une belle boîte de bois blanc, et que ma grand'mère m'a conduit auprès pour l'embrasser et lui dire adieu! . . . Elle était toute blanche et toute froide, et tous les soirs ma tante me fait prier le bon Dieu pour qu'elle aille se réchauffer avec lui dans le ciel. Crois-tu qu'elle y soit, à présent?

— Je l'espère, mon enfant; mais il faut toujours prier, ça fait voir à ta mère que tu l'aimes.

— Je vais dire ma prière, reprit l'enfant; je n'ai pas pensé à la dire ce soir. Mais je ne peux pas la dire tout seul; j'en oublie toujours un peu. Il faut que la petite Marie m'aide.

— Oui, mon Pierre, je vais t'aider, dit la jeune fille. Viens là, te mettre à genoux sur moi.

L'enfant s'agenouilla sur la jupe de la jeune fille, joignit ses petites mains, et se mit à réciter sa prière, d'abord avec attention et ferveur, car il savait très bien le commencement, puis avec plus de lenteur et d'hésitation, et enfin répétant mot à mot ce que lui dictait la petite Marie, lorsqu'il arriva à cet endroit de sa prière, où, le sommeil le gagnant chaque soir, il n'avait jamais pu l'apprendre jusqu'au bout. Cette fois encore, le travail de l'attention et la monotonie de sa propre voix produisirent leur effet accoutumé, il ne prononça plus qu'avec effort les dernières syllabes, et encore après se les être fait répéter trois fois; sa tête s'appesantit et se pencha sur la poitrine de Marie; ses mains se détendirent, se séparèrent et retombèrent ouvertes sur ses genoux.

GEORGE SAND

1. Qu'est devenue la mère de l'enfant?
2. Comment appelle-t-on la boîte dans laquelle on met un mort?
3. Décrivez brièvement ce qui se passe à un enterrement.
4. Que dit-on à l'enfant à propos de sa mère morte?
5. Quand les enfants disent-ils généralement leur prière? Dans quelle position se mettent-ils pour la dire?
6. Pourquoi cet enfant n'a-t-il jamais appris sa prière jusqu'au bout?

7. Faites un petit résumé de ce que vous avez lu dans ce morceau: Le petit Pierre — mort de sa mère — il prie pour elle chaque soir — Marie l'aide à dire sa prière — il en sait le commencement — vers la fin Marie doit dicter chaque mot — Pierre s'endort.

47. *A Young German Artist arrives in Paris*

L'étranger avait laissé son adresse à Herman, lorsqu'il s'était séparé de lui à Badenwiller, en lui recommandant de s'en servir s'il se décidait jamais à visiter Paris. Le jeune sculpteur se hâta donc, à peine arrivé, de se rendre rue Saint-Lazare, où demeurait M. de Riol.

Celui-ci poussa une exclamation d'étonnement à l'aspect de Cloffer.

— Vous ici! s'écria-t-il; la montagne s'est-elle donc écroulée dans votre vallée? les charbonniers de la forêt ont-ils brûlé votre cabane? ou bien êtes-vous en fuite pour cause politique?

— Ma cabane est toujours à sa place, répondit Herman en souriant, et le duc n'a point de sujet plus fidèle que moi.

— Ainsi vous êtes à Paris . . . volontairement?

— Volontairement.

— Et qui a donc pu faire ce miracle?

— Vos paroles, monsieur.

Le Parisien regarda avec surprise le jeune Allemand, qui lui expliqua alors tout ce qui s'était passé.

— De sorte, reprit de Riol quand Herman eut achevé, de sorte, mon cher ami, que vous venez à Paris pour faire fortune?

— Je viens pour m'y faire connaître.

— C'est ce que je veux dire; nous vous aiderons à cela.

— Je compte, en effet, sur vos conseils, sur votre protection.

— Et vous avez raison; mais avant tout je veux vous faire voir nos artistes célèbres, j'en aurai demain ici plusieurs; venez dîner avec nous, et apportez quelque sculpture.

— Soit.

— A demain donc, mais tard; car nous dînons ici à l'heure où vous soupez dans votre Allemagne.

— A demain, sept heures.

— C'est cela.

Ils se serrèrent la main et se séparèrent.

ÉMILE SOUVESTRE, *Le Sculpteur de la Forêt-Noire*

1. De quel pays venait le sculpteur?
2. Où voit-on souvent de belles sculptures?
3. Qu'est-ce que nous apprenons au sujet du village et de la maison qu'habite le jeune Allemand?
4. Que font les charbonniers?
5. Qui avait engagé le sculpteur à venir à Paris?
6. Pourquoi Herman est-il venu à Paris?
7. A qui de Riol veut-il présenter le jeune sculpteur?
8. A quelle heure dîne-t-on en France? A quelle heure déjeune-t-on?

48. *A Burst Tyre*

— Allons, père, il est temps de rentrer, car maman doit s'inquiéter de ne pas nous voir revenir.

— Tu as raison, Toinet, répondit le pêcheur, rentrons vite.

Et tous deux s'apprêtèrent à prendre le petit sentier qui dévalait de la route jusqu'à leur maisonnette.

Or, ils y avaient à peine fait quelques pas, que le bruit d'une automobile, qui allait passer sur la route, attira tout à coup leur attention.

Quelques secondes s'écoulèrent et, précédée d'un long sifflement de sirène, une magnifique limousine apparut à un tournant de rochers, filant à toute vitesse vers Saint-Raphaël.

— Oh! les fous, les fous! murmura le père Rascassou, qui, en sa qualité de vieux marin, n'avait jamais pu admettre ce nouveau genre de locomotion.

Mais il n'en dit pas davantage, car, au même instant, une détonation, bien connue de tous ceux qui font de l'automobile ou qui habitent sur le bord des grandes routes, se produisit; la voiture, maintenue à grand'peine dans sa direction par le chauffeur, fit une embardée terrible et alla effleurer, de l'extrémité de son capot, un gros rocher, contre lequel elle faillit s'aplatir.

— Ce n'est rien, ce n'est rien! s'écria aussitôt Toinet, qui, d'un rapide coup d'œil, avait jugé la situation. C'est simplement un pneu qui vient d'éclater.

H. DE GORSSE, *Le Yacht Mystérieux*
(Hachette et Cie, éditeurs)

1. Comment Rascassou et son fils gagnaient-ils leur vie?
2. Qui est-ce qui attendait les deux hommes à la maison?
3. Où se trouvait leur maison?
4. Qu'est-ce qu'une limousine?
5. Pourquoi le chauffeur donna-t-il un long coup de sirène?
6. Pourquoi le pêcheur appela-t-il les occupants de l'automobile des «fous»?
7. Pourquoi n'aimait-il pas les automobiles?
8. Qu'y a-t-il sous le capot d'une automobile?
9. Qu'est-ce qui montre que le chauffeur savait bien conduire sa voiture?
10. Arrivé chez lui, Rascassou raconte à sa femme ce que lui et son fils viennent de voir: En rentrant chez eux, ils entendent la sirène d'une auto — une grosse limousine passe — la détonation — l'embardée, la voiture s'arrête — le pneu éclaté.

49. *A Wet Day*

Le lendemain il plut à verse. Le ciel était si bas qu'on aurait cru que les grosses nuées noires qu'il roulait allaient s'accrocher à la cime des grands arbres du parc. Les petits oiseaux se taisaient; cachés parmi les branches, sous de larges feuilles, ils attendaient, immobiles et silencieux, la fin du mauvais temps.

Certes, la pluie est triste partout, mais elle l'est plus que partout ailleurs à la campagne, quand on attend sa principale distraction de la promenade. Les enfants regardaient le temps par la fenêtre, et leur figure exprimait un tel désappointement qu'on aurait dit qu'ils n'avaient jamais vu pleuvoir. Le ciel était toujours bas et sombre. L'eau fouettait tristement les vitres et clapotait au pied du mur. Les poules se cachaient sous les branches de la haie, sous le moindre abri, pour éviter les averses; et là, piteuses, le corps en équilibre sur une patte, elles attendaient.

Mais les canards — oh! les canards! — s'amusaient on

ne peut mieux. Ce n'étaient qu'ébats joyeux, culbutes et plongeons. Quel bonheur! quelle jouissance! eau dessus, eau dessous, eau partout!

1. D'où vient la pluie?
2. Dans quels pays pleut-il souvent? Et dans quels pays pleut-il rarement?
3. Pourquoi les oiseaux se taisent-ils quand il pleut à verse?
4. Où les oiseaux s'abritent-ils quand il pleut beaucoup?
5. Pourquoi s'ennuie-t-on à la campagne quand il pleut?
6. Qu'est-ce qu'une averse?
7. Pourquoi les canards aiment-ils la pluie?
8. Pourquoi les canards font-ils des plongeons?
9. Quel vêtement met-on pour sortir sous la pluie?

50. *An Old-time Love Letter*

Mademoiselle — Dites-moi, je vous en supplie, ce qu'il faudrait posséder de fortune pour pouvoir prétendre à vous épouser. Je vous fais là une étrange question; mais je vous aime si éperdument qu'il m'est impossible de ne pas la faire, et vous êtes la seule personne au monde à qui je puisse l'adresser. Il m'a semblé, hier au soir, que vous me regardiez au spectacle. Je voulais mourir; plût à Dieu que je fusse mort en effet, si je me trompe et si ce regard n'était pas pour moi! Dites-moi si le hasard peut être assez cruel pour qu'un homme se trompe d'une manière à la fois si triste et si douce. J'ai cru que vous m'ordonniez de vivre. Vous êtes riche, belle, je le sais; votre père est orgueilleux et avare, et vous avez le droit d'être fière; mais je vous aime, et le reste est un songe . . . Pourquoi m'avez-vous laissé ce bouquet? Mettez-vous un instant, s'il se peut, à ma place; j'ose croire que vous m'aimez, et j'ose vous demander de me le dire. Pardonnez-moi, je vous en conjure. Je donnerais mon sang pour être certain de ne pas vous offenser, et pour vous voir écouter mon amour avec ce sourire d'ange qui n'appartient qu'à vous. Votre image m'est toujours présente à l'esprit; vous ne l'effacerez qu'en m'arrachant le cœur. Tant que votre regard vivra dans mon souvenir, tant que ce bouquet gardera un reste de parfum, je conserverai quelque espérance.

ALFRED DE MUSSET

1. La demoiselle est-elle pauvre? Et le jeune homme?
2. Où se sont-ils vus la veille?
3. Comment est le père de la jeune fille?
4. Qu'est-ce qu'un avare?
5. Qu'est-ce que la demoiselle a fait pour encourager le jeune homme?
6. Qu'est-ce qu'un bouquet?
7. Connaissez-vous le nom de quelques fleurs?
8. Qui est-ce qui se sert de parfums? Quand met-on du parfum?

51. *A Cat Nonplussed*

Le perroquet suivait les mouvements de la chatte avec une grande inquiétude; il hérissait ses plumes, faisait bruire sa chaîne, levait une de ses pattes en agitant les doigts, et repassait son bec sur le bord de sa mangeoire. Son instinct lui révélait un ennemi méditant quelque mauvais coup.

Quant aux yeux de la chatte, fixés sur l'oiseau avec une intensité fascinatrice, ils disaient dans un langage que le perroquet entendait fort bien et qui n'avait rien d'ambigu:

— Quoique vert, ce poulet doit être bon à manger.

Tout à coup son dos s'arrondit comme un arc qu'on tend, et un bond d'une vigueur élastique la fit tomber juste sur le perchoir. Le perroquet, voyant le péril, cria soudain:

— As-tu déjeuné, Jacquot?

Cette phrase causa une indicible épouvante à la chatte, qui fit un saut en arrière. Une fanfare de trompette, une pile de vaisselle se brisant à terre, un coup de pistolet tiré à ses oreilles, ne lui eussent pas causé une plus folle terreur. Toutes ses idées sur les oiseaux étaient renversées.

— Et de quoi? — De rôti du roi, continua le perroquet.

La physionomie de la chatte exprima clairement:

— Ce n'est pas un oiseau, c'est un monsieur, il parle!

— Quand j'ai bu du vin clairet,
Tout tourne, tout tourne au cabaret,

chanta l'oiseau, car il avait compris que l'effroi causé par sa parole était son meilleur moyen de défense. La chatte nous jeta un coup d'œil plein d'interrogation et, notre réponse ne la satisfaisant pas, elle alla se blottir sous le lit, d'où il fut impossible de la faire sortir de la journée.

D'après THÉOPHILE GAUTIER

1. Décrivez un perroquet. Dans quels pays y a-t-il des perroquets sauvages?
2. Pourquoi ce perroquet avait-il peur de la chatte?
3. Qu'est-ce qui était attaché à la patte du perroquet?
4. Qu'est-ce qu'une *mangeoire*?
5. Que mangent les chats?
6. Quels animaux les chats aiment-ils à chasser?
7. Qu'est-ce qu'un perchoir?
8. Qu'est-ce qui effraya cette chatte?
9. Pourquoi le perroquet continua-t-il de chanter?
10. Faites un petit résumé de cette anecdote: Le perroquet sur son perchoir — arrive la chatte — elle veut manger l'oiseau — frayeur du perroquet — la chatte fait son bond, atteint le perchoir — le perroquet se met à parler — étonnement de la chatte — le perroquet continue de chanter — la chatte a peur et se sauve.

52. *Haystacks on Fire*

Le lendemain, pendant que Bouvard et Pécuchet dînaient, ils entendirent le battement d'un tambour. Germaine sortit pour voir ce qu'il y avait; mais l'homme était déjà loin. Presque aussitôt la cloche de l'église tinta violemment.

Une angoisse saisit Bouvard et Pécuchet. Ils se levèrent et, impatients d'être renseignés, s'avancèrent tête nue du côté de Chavignolles.

Une vieille femme passa. Elle ne savait rien. Ils arrêtèrent un petit garçon, qui répondit:

— Je crois que c'est le feu!

Et le tambour continuait à battre, la cloche tintait plus fort. Enfin ils atteignirent les premières maisons du village. L'épicier leur cria de loin:

— Le feu est chez vous!

La route qu'ils suivaient montait toujours; le terrain, en pente, leur cachait l'horizon. Ils arrivèrent en haut, près de la Butte; — et, d'un seul coup d'œil, le désastre leur apparut.

Toutes les meules çà et là, flambaient comme des volcans au milieu de la plaine, dans le calme du soir.

Il y avait autour de la plus grande trois cents personnes peut-être; et sous les ordres de M. Fourreau, le maire, des gars avec des perches et des crocs tiraient la paille du sommet, afin de préserver le reste.

Bouvard, dans son empressement, faillit renverser Mme Bordin, qui se trouvait là. Il perdait la tête. Ses domestiques l'entouraient, parlant à la fois, et il défendait d'abattre les meules, suppliait qu'on le secourût, exigeait de l'eau, réclamait des pompiers.

GUSTAVE FLAUBERT

1. Comment donnait-on l'alerte dans le pays?
2. Quand sonne-t-on d'ordinaire la cloche d'une église?
3. Pourquoi les deux hommes étaient-ils inquiets?
4. Qu'est-ce qui montre qu'ils étaient très impatients de savoir ce qui se passait?
5. Quelles personnes questionnèrent-ils?
6. Comment appelle-t-on la boutique d'un épicier? Que vend-on chez l'épicier?
7. Qu'est-ce qu'une meule? Où voit-on des meules?
8. Quel métier Bouvard exerçait-il?
9. Comment appelle-t-on les hommes qui éteignent les incendies?
10. Imaginez la suite de cette histoire: Les pompiers arrivent — ils ne peuvent rien faire — les meules sont détruites — Bouvard et Pécuchet rentrent chez eux — ils questionnent les domestiques sur l'origine des incendies — ils ne découvrent rien.

53. *A Country Girl sets out for the Capital*

Le jour du départ arrivé, on mit un cheval à la carriole, afin de mener Margot à Chartres, où elle devait prendre la diligence. Personne n'alla aux champs ce jour-là; presque tout le village se rassembla dans la cour de la ferme. On avait fait à Margot un trousseau complet; le dedans, le derrière et le dessus de la carriole étaient encombrés de boîtes et de cartons; les Piedeleu n'entendaient pas que leur fille fît mauvaise figure à Paris. Margot avait fait ses adieux à tout le monde, et elle allait embrasser son père, lorsque le curé la prit par la main et lui adressa paternellement quelques conseils sur sa vie future et sur les dangers qu'elle allait courir:

— Conservez votre sagesse, jeune fille, s'écria le digne homme en terminant, c'est le plus précieux des trésors; veillez sur lui, Dieu fera le reste.

Le bonhomme Piedeleu était ému jusqu'aux larmes, quoiqu'il n'eût pas tout compris clairement dans le discours du curé. Il serra sa fille sur son cœur, l'embrassa, la quitta, revint à elle et l'embrassa encore; il voulait parler, et son trouble l'en empêchait:

— Retiens bien les conseils de M. de curé, dit-il enfin; retiens-les bien, ma pauvre enfant . . . Puis il ajouta brusquement: Mille pipes de diables! n'y manque pas.

Le curé, qui étendait les mains pour donner à Margot sa bénédiction, s'arrêta court à ce gros mot. C'était pour vaincre son émotion que le bonhomme avait juré; il tourna le dos au curé et rentra chez lui sans en dire davantage.

ALFRED DE MUSSET, *Margot*

1. Qu'est-ce qu'une diligence?
2. Quelles choses et quels animaux voit-on dans une cour de ferme?
3. Qu'y avait-il dans les boîtes dont la carriole était chargée?
4. Où allait Margot?
5. Quels sont les devoirs d'un curé?
6. Pourquoi Piedeleu avait-il envie de pleurer?
7. Quels conseils le prêtre donne-t-il à la jeune fille?
8. Imaginez la suite de cette histoire: Le voyage — la campagne, les villages qu'on traverse — on arrive à Chartres — Margot monte dans la diligence — elle fait ses adieux — la diligence part — au bout de quelques heures de voyage on arrive à Paris.

54. *Two Pictures*

Je ne dirai qu'un mot du tableau suivant:

C'est la famille du malheureux *Ugolin* expirant de faim: un de ses fils est étendu sans mouvement à ses pieds; les autres lui tendent leurs bras affaiblis et lui demandent du pain, tandis que le malheureux père, appuyé contre une colonne de la prison, l'œil fixe et hagard, meurt à la fois de sa propre mort et de celle de tous ses enfants, et souffre tout ce que la nature humaine peut souffrir.

Arrêtons-nous un instant devant cet autre tableau: c'est une jeune bergère qui garde toute seule son troupeau dans la montagne: elle est assise sur un vieux tronc de sapin renversé et blanchi par les hivers; ses pieds sont cachés par de larges feuilles, et des buissons couverts de fleurs s'élèvent au-dessus de sa tête. La lavande, le thym, l'anémone, des fleurs de toute espèce, qu'on cultive avec peine dans nos serres et nos jardins, et qui poussent sur les Alpes dans toute leur beauté primitive, forment le tapis brillant sur lequel errent ses brebis. Charmante bergère, dis-moi où se trouve l'heureux coin de la terre que tu habites? De quelle bergerie éloignée es-tu partie ce matin au lever de l'aurore? Ne pourrais-je y aller vivre avec toi?

1. Où peut-on voir des collections de tableaux célèbres?
2. Quels pays ont eu les peintres les plus célèbres?
3. Où se trouve la famille représentée sur le premier tableau?
4. De quoi ces gens souffrent-ils?
5. Pourquoi le père semble-t-il souffrir plus que les autres?
6. Qu'est-ce qu'une bergère?
7. Où se trouvent les Alpes?
8. Pourquoi certaines plantes poussent-elles dans une serre, et non pas en plein air?
9. Qu'est-ce qu'une bergerie?
10. Comment appelle-t-on le petit du mouton?

55. *A Journey up the Rhone*

Ô choses de mon enfance, quelle impression vous m'avez laissée! Il me semble que c'est hier, ce voyage sur le Rhône. Je vois encore le bateau, ses passagers, son équipage; j'entends le bruit des roues et le sifflet de la machine.

La traversée dura trois jours. Je passai ces trois jours sur le pont, descendant au salon juste pour manger et dormir. Le reste du temps, j'allais me mettre à la pointe extrême du navire, près de l'ancre. Il y avait là une grosse cloche qu'on sonnait en entrant dans les villes: je m'asseyais à côté de cette cloche, parmi des tas de corde; je posais la cage du perroquet entre mes jambes et je regardais. Le Rhône était si large qu'on voyait à peine ses rives. Moi, je l'aurais voulu encore plus large, et qu'il se fût appelé: la mer! Le ciel riait, l'onde était verte. De grandes barques descendaient au fil de l'eau. Des mariniers passaient près de nous en chantant. Parfois le bateau longeait quelque île couverte de joncs et de saules. «Oh! une île déserte!» me disais-je et je la dévorais des yeux. . . .

Vers la fin du troisième jour je crus que nous allions avoir un grain. Le ciel s'était assombri subitement; à l'avant du navire on avait allumé une grosse lanterne, et, ma foi! en présence de tous ces symptômes, je commençais à être ému . . . A ce moment quelqu'un dit près de moi: «Voilà Lyon!» En même temps la grosse cloche se mit à sonner. C'était Lyon.

Confusément, dans le brouillard, je vis des lumières briller sur l'une et sur l'autre rive; nous passâmes sous un pont, puis sous un autre. Sur le bateau, c'était un remue-ménage effroyable. Les passagers cherchaient leurs malles; les matelots juraient en roulant des tonneaux dans l'ombre. Il pleuvait. . . .

ALPHONSE DAUDET, *Le Petit Chose*
(Fasquelle, éditeurs)

1. Où le Rhône prend-il sa source?
2. Qu'est-ce que l'équipage d'un bateau?
3. Pourquoi l'enfant resta-t-il la plupart du temps sur le pont du bateau?
4. Où les passagers mangeaient-ils?
5. Pourquoi sonnait-on la grosse cloche en entrant dans les villes?
6. Qu'est-ce qu'un marinier? Qu'est-ce qu'un matelot?
7. Quel roman célèbre cet enfant avait-il probablement lu?
8. En quelle saison fait-il souvent du brouillard?
9. Qu'est-ce qu'une malle?
10. Décrivez brièvement ce voyage sur le fleuve: L'enfant sur le pont, à l'avant du bateau — son perroquet — la grosse cloche — bruit de la machine — les bateaux qui passent — les îles — le mauvais temps — arrivée à Lyon.

56. *A Strange Reception*

(A soldier calls on the mother of his friend who has been killed in action.)

— Et vous dites, monsieur, qu'il vous avait chargé? . . .

— D'embrasser sa mère et sa sœur, puis . . .

— Permettez que je tienne la commission pour faite. N'avez-vous pas quelque autre chose à nous communiquer?

— Oui, madame; voici sa montre qu'il m'a dit d'arrêter à l'heure précise de sa mort, pour que sa dernière pensée . . .

— Bien, bien, monsieur, j'entends; l'intention est délicate, et cette idée ne pouvait venir qu'à une âme de race. J'en suis profondément touchée . . . Mais la montre est un chronomètre d'un certain prix, si j'ai bonne mémoire: peut-être vous serait-il agréable de conserver ce souvenir de lui?

— Il m'a laissé lui-même les souvenirs qu'il me destinait; c'est à vous qu'il envoie celui-ci, madame.

— Soit. Est-ce tout?

— Non, madame, vous trouverez ici tous les papiers de votre fils, le journal de sa vie, les deux lettres qu'il a écrites à sa sœur et à vous en partant de Biskra, enfin ses vers, car vous n'ignorez pas qu'il était poète.

— Hélas! nous avons fait tout ce que nous avons pu pour le corriger de ce petit défaut.

— Mais il avait du génie, madame, et c'est sa gloire que je mets entre vos mains. Voici enfin la tunique qu'il portait le jour de sa mort: elle est tachée de son sang, et les coups dont elle est criblée vous apprendront avec quel courage . . .

Je n'en dis pas plus long, et je m'arrêtai un instant pour étudier l'effet de ma phrase.

Mais le malheur voulut qu'en ce moment les roues d'une voiture se missent à grincer sur le sable de la cour.

EDMOND ABOUT

1. Quelle est la dame qui parle? Et quel est l'homme qui est venu la voir?
2. Pourquoi le soldat voulait-il qu'on arrêtât sa montre à l'heure précise de sa mort?
3. Qu'est-ce que la mère veut que le visiteur fasse de la montre?
4. Qu'écrit-on dans un journal personnel?
5. Comment appelle-t-on celui qui fait des vers?

6. Quels étaient les trous qu'on voyait dans la tunique du soldat?
7. Quelles taches y voyait-on?
8. Qu'est-ce qui interrompit la conversation?
9. Imaginez comment une mère plus tendre aurait reçu le visiteur, et ce qu'elle aurait dit en voyant la montre, les papiers et la tunique de son fils mort.

57. *A Quiet Nook in a Park*

Ce matin, après une nuit presque sans sommeil, je me suis levée dès l'aube, c'est-à-dire à cinq heures, et j'ai résolu de faire une chose extraordinaire. J'ai mis sous mon bras mon livre, j'ai pris mon ombrelle et je suis sortie discrètement par la porte. En face de cette porte, il y a une grande avenue; dans cette avenue, il y a à main gauche une allée tournante; au bout de cette allée tournante, il y a un bosquet, et dans ce bosquet une table rustique et trois chaises. C'est un endroit charmant, surtout par une belle matinée d'été comme celle-ci. Il y règne un demi-jour religieux; les feuillages qui retombent et s'entre-croisent laissent à peine voir quelques coins de ciel bleu. Le soleil jette çà et là sur le sable, et sur les chaises, quelques bandes lumineuses, quelques rayons qui semblent tamisés par les vitraux d'une église. Une vague odeur d'oranger s'évapore, avec la rosée, des grappes blanches des acacias, — et, pour tout achever, on entend sortir d'une ravine, qu'on ne voit pas, le babillage musical du petit ruisseau qui alimente l'étang aux cygnes.

1. Pourquoi cette dame se lève-t-elle de si bonne heure?
2. A quoi sert une ombrelle? Comment dit-on *umbrella* en français?
3. Qu'est-ce que cette personne a l'intention de faire?
4. Pourquoi sort-elle discrètement?
5. Qu'est-ce qu'une avenue? Et qu'est-ce qu'une allée?
6. Expliquez ce que c'est qu'un bosquet.
7. Pourquoi régnait-il dans ce bosquet «un demi-jour religieux»?
8. Que voit-on représenté sur les vitraux d'une église?
9. Décrivez un cygne.

58. *A Child Kidnapped*

A son retour, n'entendant pas de cris en montant son escalier, elle se dit:

— Bon! l'enfant dort toujours.

Elle trouva sa porte plus grande ouverte qu'elle ne l'avait laissée; elle entra pourtant, la pauvre mère, et courut au lit . . . L'enfant n'y était plus, la place était vide. Il n'y avait plus rien de l'enfant, sinon un de ses jolis petits souliers. Elle s'élança hors de la chambre, se jeta au bas de l'escalier, et se mit à battre les murailles avec sa tête en criant:

— Mon enfant! qui a mon enfant? qui m'a pris mon enfant?

La rue était déserte, la maison isolée; personne ne put lui rien dire. Elle alla par la ville, fureta toutes les rues, courut çà et là la journée entière, folle, égarée, terrible, flairant aux portes et aux fenêtres comme une bête farouche qui a perdu ses petits. Elle était haletante, échevelée, effrayante à voir, et elle avait dans les yeux un feu qui séchait ses larmes. Elle arrêtait les passants et criait:

— Ma fille! ma fille! ma jolie petite fille! Celui qui me rendra ma fille, je serai sa servante, la servante de son chien, et il me mangera le cœur s'il veut.

Elle rencontra M. le curé de Saint-Rémy, et lui dit:

— Monsieur le curé, je labourerai la terre avec mes ongles, mais rendez-moi mon enfant! . . .

— Ah! la pauvre mère!

Le soir, elle rentra chez elle. Pendant son absence, une voisine avait vu deux Égyptiennes y monter en cachette avec un paquet dans leurs bras, puis redescendre après avoir refermé la porte, et s'enfuir en hâte.

VICTOR HUGO

1. Pourquoi la mère croyait-elle que son enfant dormait?
2. Qu'est-ce qui faisait soupçonner que quelqu'un était entré dans la chambre?
3. Qu'avait-on laissé tomber en emportant le bébé?
4. *Fureter* vient du substantif *furet* (m.). Décrivez un furet. Que font les furets?
5. Où la mère chercha-t-elle son enfant?
6. Qu'est-ce qu'elle demanda aux passants?

7. Que dit le curé en voyant l'angoisse de la femme?
8. Qu'y avait-il dans le paquet que portaient les Égyptiennes?
9. Pourquoi les Égyptiennes partirent-elles en hâte?
10. Imaginez la suite de cette histoire: Une vingtaine d'hommes se mettent à la poursuite des Égyptiennes — on les rattrape — on leur prend l'enfant — on les ramène à la ville — joie de la mère — les Égyptiennes sont condamnées et mises en prison.

59. *A Remarkable Donkey*

Il y avait à la maison un âne, le meilleur âne que j'aie jamais connu. Il marchait d'un pas grave et mesuré; respecté pour son grand âge et ses bons services, il ne recevait jamais ni corrections ni reproches, et s'il était le plus irréprochable des ânes, on peut dire aussi qu'il était le plus heureux et le plus estimé.

Il lui prenait souvent fantaisie d'entrer dans la maison, dans la salle à manger et même dans l'appartement de ma grand'mère, qui le trouva un jour installé dans son cabinet de toilette, le nez sur une boîte de poudre qu'il respirait d'un air sérieux et recueilli. Il avait même appris à ouvrir les portes qui ne fermaient qu'au loquet, d'après l'ancien système du pays, et comme il connaissait parfaitement tout le rez-de-chaussée, il cherchait toujours ma grand'mère, dont il savait bien qu'il recevrait quelque friandise.

Une nuit, ayant trouvé la porte du lavoir ouverte, il monta un escalier de sept ou huit marches, traversa la cuisine, le vestibule, souleva le loquet de deux ou trois pièces, et arriva à la porte de la chambre à coucher de ma grand-mère; mais trouvant là un verrou, il se mit à gratter du pied pour avertir de sa présence. Ne comprenant rien à ce bruit, et croyant qu'un voleur essayait d'ouvrir sa porte, ma grand-mère sonna sa femme de chambre, qui accourut sans lumière, vint à la porte, et tomba sur l'âne en jetant les hauts cris.

D'après GEORGE SAND

1. Décrivez un âne. Où voit-on des ânes?
2. Pourquoi cet âne marchait-il très lentement?
3. Pourquoi ne recevait-il ni corrections ni reproches?
4. Qu'est-ce qu'un cabinet de toilette?

5. On parle d'une boîte de poudre. Quelle sorte de poudre était-ce?
6. Pourquoi l'âne flairait-il la boîte de poudre?
7. Pourquoi trouvait-il facile d'ouvrir les portes?
8. Pourquoi ne pouvait-il pas entrer dans la chambre de la grand'mère?
9. Que croyait la grand'mère, en entendant gratter à sa porte?
10. Faites un petit résumé de ce que vous venez de lire.

60. *The Treasure Discovered*

Un ou deux coups de bêche découvrirent la lame d'un grand couteau espagnol; nous creusâmes encore, et trois ou quatre pièces de monnaie d'or et d'argent apparurent éparpillées. A cette vue, Jupiter put à peine contenir sa joie, mais la figure de son maître exprima un affreux désappointement. Il nous supplia toutefois de continuer nos efforts, et à peine avait-il fini de parler que je trébuchai et tombai en avant; la pointe de ma botte s'était engagée dans un gros anneau de fer qui gisait à moitié enseveli sous un amas de terre fraîche.

Nous nous remîmes au travail avec une ardeur nouvelle; jamais je n'ai passé dix minutes dans une aussi vive exaltation. Durant cet intervalle, nous déterrâmes complètement un coffre de bois de forme oblongue. Ce coffre avait trois pieds et demi de long, trois de large et deux et demi de profondeur. Il était solidement maintenu par des lames de fer forgé. De chaque côté du coffre, près du couvercle, étaient trois anneaux de fer, six en tout, au moyen desquels six personnes pouvaient s'en emparer. Tous nos efforts réunis ne réussirent qu'à le déranger légèrement de son lit. Nous vîmes tout de suite l'impossibilité d'emporter un si énorme poids. Par bonheur, le couvercle n'était retenu que par deux verrous, que nous fîmes glisser, — tremblants et pantelants d'anxiété. En un instant, un trésor d'une valeur incalculable s'étala, étincelant, devant nous.

CHARLES BAUDELAIRE, *Le Scarabée d'Or*

Imaginez la suite: L'un des hommes monte la garde, tandis que les deux autres vont chercher des sacs — ils reviennent — on remplit les sacs — on les transporte au bateau — les trois hommes sont attaqués par des indigènes — ils s'échappent avec leur trésor.

SECTION II

French Verse

1. *Un Héros sans le savoir*

Un garçon de dix ans, au bord de la rivière,
Jouait aux ricochets, avec des cailloux ronds.
Il oubliait l'école à regarder leurs bonds
Et les tressauts de l'eau sous les coups de la pierre.

Un plus petit s'approche et veut en faire autant.
Le pied lui glisse, il tombe et le courant l'entraîne.
La rivière est profonde, et la mort est certaine.
Il va périr, hélas!

Mais l'autre, au même instant,
Se jette en plein courant, au péril de sa vie;
Trois fois il plonge; enfin, après beaucoup d'effort,
Il atteint le bambin et l'arrache à la mort.

Sur le quai, cependant, une foule ravie
Acclame le sauveur et veut savoir son nom.
«Mon nom? pourquoi mon nom? pour le dire à mon père,
Pour qu'il sache que j'ai flâné près de la rivière,
Qu'il me batte, fit-il en s'esquivant, oh non!»

LOUIS RATISBONNE, *Les Petits Hommes*
(Delagrave, éditeur)

1. Where does the incident take place?
2. How old was the bigger boy? What was he doing? Where should he have been?
3. What stones are apparently the most suitable for the game in question?

4. How did the younger boy come to have his mishap?
5. Give two reasons why the river was particularly dangerous for children.
6. How long did the elder boy wait before he attempted rescue?
7. How do we know that his first attempt was unsuccessful?
8. What do the spectators say to the rescuer?
9. Why does not the boy wish to say too much about himself?

2. *Retour*

Qu'il va lentement le navire
A qui j'ai confié mon sort!
Au rivage où mon cœur aspire,
Qu'il est lent à trouver un port!
France adorée!
Douce contrée!
Mes yeux cent fois ont cru te découvrir.
Qu'un vent rapide
Soudain nous guide
Aux bords sacrés où je reviens mourir.
Mais enfin le matelot crie:
«Terre! terre! là-bas, voyez!»
Ah! tous mes maux sont oubliés.
Salut à ma patrie!

Oui, voilà les rives de France;
Oui, voilà le port vaste et sûr,
Voisin des champs où mon enfance
S'écoula sous un chaume obscur.
France adorée!
Douce contrée!
Après vingt ans enfin je te revois;
De mon village
Je vois la plage,
Je vois fumer la cime de nos toits.
Combien mon âme est attendrie!
Là furent mes premiers amours;
Là ma mère m'attend toujours.
Salut à ma patrie!

BÉRANGER

1. Where is the speaker?
2. How long has this man been away from his native land?
3. How do we know that his life in recent years has not been very happy?
4. What do we learn concerning the situation of his native village?
5. In what sort of home was this man brought up? What do you think his parents were?
6. Does he expect to find any member of his family still living in the old place?
7. What sort of harbour is the ship making for?
8. Who is the first to sight land?
9. How do we know that the day is fairly calm?

3. *Quand il pleut*

Voilà la pluie! . . . Allons, les enfants, rentrez vite! . . .
Hou! les vilains lambins qui seront tout mouillés!
Toi, Jeanne, il faut aider Thérèse. Elle est petite . . .
Courons, courons! . . . Il faudra dire au jardinier
De fermer les volets et de rentrer les chaises.
Vous vous installerez dans la salle à manger;
Toi l'aînée, il faudra faire jouer Thérèse.
Tu donneras à Jean ses couleurs sans danger,
Je crois qu'il reste un catalogue et des images
A découper. Prenez les ciseaux à bouts ronds,
Et ne réveillez pas grand-père! Nous verrons
Lequel de vous fera les plus beaux découpages.
Je vous laisse. J'ai ma migraine. Amusez-vous
Bien gentiment, et le plus sage aura un sou.

PAUL GÉRALDY, *Les Petites Ames*
(A. Messein, éditeur)

1. So far as we can gather from the poem, how many persons are there in the house and its grounds?
2. Who is the speaker in the poem?
3. Place the children according to age.
4. What makes us think that the rain is heavy and has come on suddenly?
5. What is the gardener told to do?

6. Where are the children to play? Why must they play by themselves? Why must they keep fairly quiet?
7. How will the small boy amuse himself? What will Jeanne do?
8. What reward is promised? Who will get it?

4. *La Salle à manger*

Il y a une armoire à peine luisante
Qui a entendu les voix de mes grand'tantes,
Qui a entendu la voix de mon grand-père,
Qui a entendu la voix de mon père.
À ces souvenirs l'armoire est fidèle.
On a tort de croire qu'elle ne sait que se taire,
Car je cause avec elle.

Il y a aussi un coucou en bois.
Je ne sais pourquoi il n'a plus de voix.
Je ne veux pas le lui demander.
Peut-être bien qu'elle est cassée,
La voix qui était dans son ressort,
Tout bonnement comme celle des morts.

Il y a aussi un vieux buffet
Qui sent la cire, la confiture,
La viande, le pain et les poires mûres.
C'est un serviteur fidèle qui sait
Qu'il ne doit rien nous voler.

Il est venu chez moi bien des hommes et des femmes
Qui n'ont pas cru à ces petites âmes.
Et je souris que l'on me pense seul vivant
Quand un visiteur me dit en entrant:
«Comment allez-vous, monsieur Jammes?»

FRANCIS JAMMES, *De Angélus de l'Aube à l'Angélus du Soir*
(Mercure de France, éditeurs)

1. How do we know that the poet's dining-room contained old family pieces?
2. Of what articles of furniture does the poet make particular mention?

3. What sort of clock has he? What is wrong with the clock?
4. What things have been stored at various times in the sideboard?
5. What is the poet's idea of a faithful servant?
6. In what respect does the poet find that he differs from other people?
7. Why does he sometimes smile to himself when a visitor comes in?

5.

Te souviens-tu, disait un capitaine
Au vétéran qui mendiait son pain,
Te souviens-tu qu'autrefois dans la plaine
Tu détournas un sabre de mon sein?
Sous les drapeaux d'une mère chérie,
Tous deux jadis nous avons combattu.
Je m'en souviens, car je te dois la vie.
Mais toi, soldat, dis-moi, t'en souviens-tu?

Te souviens-tu de ces jours trop rapides,
Où le Français acquit tant de renom?
Te souviens-tu que sur les Pyramides
Chacun de nous osa graver son nom?
Malgré les vents, malgré la terre et l'onde,
On vit flotter, après l'avoir vaincu,
Notre étendard sur le berceau du monde.
Dis-moi, soldat, dis-moi, t'en souviens-tu?

PAUL-ÉMILE DEBRAUX

1. Who are the two men concerned in this little story?
2. What has brought them together on this occasion?
3. Where have they met before?
4. Why does the captain remember the other man so well?
5. In the fifth line we find the expression: 'Une mère chérie.' Who is the *mother* in question?
6. What trace of themselves did the men leave in Egypt?
7. Suggest a title for the poem.

6. *Intérieur*

La mère de famille a quitté la maison,
Elle dort maintenant sous la colline verte.
Le père s'est assis dans la salle déserte,
Tandis qu'à l'âtre éteint fume un maigre tison;

Le père s'est assis, les coudes sur la table,
Et pressant dans ses mains son front chargé d'ennui;
Ses trois fils aux bras forts, rangés autour de lui,
Ne sauraient soulever le fardeau qui l'accable.

Mais la petite fille a neuf ans, pour le moins!
La petite descend, va, vient, court, se trémousse,
Elle commande aux gens et grossit sa voix douce,
Ménagère à l'œil bleu, qui jouait dans les foins!

LOUIS BOUILHET

1. How many children are there in this family?
2. How old is the daughter? Where used she to play?
3. What bereavement has the family recently suffered?
4. Where is this person laid to rest?
5. Where does the father sit? In what attitude does he sit?
6. How do the sons talk to their father?
7. How does the daughter face the situation? How does she seek to give herself authority?

7. *Le Pays*

Oh! ne quittez jamais, c'est moi qui vous le dis,
Le devant de la porte où l'on jouait jadis;
L'église, où tout enfant, et d'une voix lègère,
Vous chantiez à la messe auprès de votre mère;
Et la petite école où, traînant chaque pas,
Vous alliez le matin, oh! ne la quittez pas!
Car une fois perdu parmi ces capitales,
Ces immenses Paris aux tourmentes fatales,
Repos, fraîche gaîté, tout s'y vient engloutir,
Et vous les maudissez sans en pouvoir sortir.

Croyez qu'il sera doux de voir un jour peut-être
Vos fils étudier sous votre bon vieux maître,
Dans l'église avec vous chanter au même banc,
Et jouer à la porte où l'on jouait enfant.

AUGUSTE BRIZEUX

1. In what sort of place was the poet brought up?
2. Where did he often play when he was a child?
3. Did he like going to school? Supply evidence for your answer from the poem.
4. With whom did he go to church? How did he conduct himself in church?
5. What is the meaning of *ces immenses Paris*? (line 8.)
6. Why did the poet dislike life in Paris?
7. According to the poet's idea, what should give a father pleasure?

8. *L'Ane savant*

Je suis l'âne savant, celui même qui étonne
L'Académie. Je calcule aussi bien qu'un homme.
Mon maître, un fouet en main, m'oblige de grimper
Sur un mauvais tonneau où il faut s'équilibrer.
Des applaudissements courent dans l'assistance.
Ensuite, je descends et il faut que je danse.
Où est Paris? me demande-t-on. Je mets le pied
A l'endroit qu'il le faut sur la carte de France.
— Anon! faites le tour de la société
Et puis arrêtez-vous en montrant de la tête
Parmi les spectateurs celui qui est le plus bête.

. . . J'obéis et suis sûr de ne pas me tromper.
Et je sens, chaque fois qu'une chose il m'apprend,
Combien à chaque fois l'homme est plus ignorant.
Et, lorsque vient la nuit, sous la claquante toile
Ouverte au vent glacial, tristement je m'endors.
L'obsession du savoir me poursuit. Et alors
Mon cauchemar s'essaie à compter les étoiles.

FRANCIS JAMMES, *Pensées des Jardins*
(Mercure de France, éditeurs)

1. Where does the donkey perform his tricks?
2. Why is he uncomfortable at night?
3. Describe briefly four of his tricks.
4. What leads us to believe that he has not been taught his tricks entirely by kindness?
5. How is his turn received by the audience?
6. What nightmare frequently disturbs his rest?
7. What is his opinion of men, now that he has learnt a few things from them?

9. *Le Dimanche matin*

C'est lui, le voilà, le Dimanche!
Avec le mois de mai nouveau,
L'amandier met sa robe blanche,
Le bleu du ciel azure l'eau.
Les fleurs du jardin sont écloses,
On croirait voir le paradis;
La violette parle aux roses,
Le chêne orgueilleux parle au buis.

Voyez combien l'on est tranquille
Dans tout le village aujourd'hui;
Le moulin, à la roue agile,
Et l'enclume ont cessé leur bruit;
Les bœufs ruminent à la crèche,
Libres du joug et du brancard,
Et la charrue avec la bêche
Se reposent sous le hangar.

Tout le monde paraît à l'aise,
On s'aborde d'un air content:
— Comment va ton père, Thérèse?
— Wilhelm, comment va votre enfant?
— Bon temps, voisin, pour la futaille!
— Voisin, bon temps pour le grenier!
Personne aujourd'hui ne travaille,
Excepté le ménétrier.

HENRI MURGER

1. At precisely what time of the year does the poet view this scene?
2. What is the weather like?
3. How do the villagers show that they are feeling the effects of the weather and the season?
4. Name two things, occurring in the poet's description, which are characteristic of the season.
5. What are apparently the chief agricultural products of the district?
6. What sounds are heard in the village on week-days, but not on Sundays?
7. How would one know that it was Sunday from the description given of the farm?
8. Two people in the village have apparently been ill. Who are they?

10. *Les Histoires du Grand-père*

Le grand-père Morvan a trois petits garçons,
Trois beaux petits garçons d'Anne, sa fille aînée.
Il a rappris pour eux son cahier de chansons;
Pour eux, le soir venu, devant la cheminée,
Il invente à loisir quelque conte émouvant,
Et, pareil au rouet qui murmure sans trêve,
Pour ses petits garçons, le bonhomme Morvan,
Recommence dix fois, quand l'histoire est trop brêve.

Oh les récits touchants! Il en sait où les nains
S'en vont au clair de lune en invisibles rondes,
Où les Géants barbus dans leurs énormes mains
Comme des osselets font tournoyer des mondes;
Il en sait où les loups implorent un mouton,
Où les Saints, d'un regard, changent l'eau vive en flamme,
Où les poissons des mers savent parler breton;
Il en sait, le grand-père, où les fleurs ont une âme.

Les trois petits garçons, les bras croisés, assis
Sur des sièges très hauts, ont l'air d'anges de pierre.
Quand le héros du conte a de cruels soucis,
Une larme se pose au bord de leur paupière;
Mais quand, par un bon tour, il sort d'un mauvais pas,

Ce sont des rires fous et des cris de victoire
Dont la vieille maison tremble du haut en bas!
Le bonhomme est content et redit son histoire.

EUGÈNE LE MOUËL, *Enfants Bretons*
(Lemerre, éditeur)

1. In what part of France do these people live?
2. Has Morvan any daughter older than Anne?
3. When and where does the old man usually tell his stories?
4. Where do the boys sit to listen? In what attitude do they sit?
5. How does Morvan spin out the time when he can only think of a short story?
6. State briefly the subjects of half a dozen of his yarns.
7. What does he do when the boys show that they have enjoyed a story?
8. How do the boys betray their sympathy with a hero in misfortune?
9. What do they do when the hero triumphs?

11. *Amitiés*

Le soir où j'arrivai, le chien dans sa loge
Aboya, les deux chats accroupis sous l'horloge
Hérissèrent leurs poils, et l'enfant, réveillé,
Dans son berceau se prit à vagir, effrayé,
La fermière sur moi fixait un œil farouche: —
Si j'arrive aujourd'hui le rire est sur sa bouche,
L'enfant me tend les bras au bord de son berceau,
Le chien sur mes genoux vient poser son museau,
Sur la cendre à mes pieds les chats viennent de même:
Les voilà tous amis de celui qui les aime.

AUGUSTE BRIZEUX

1. What is the house which the poet visits?
2. Where does he usually sit when he comes on a visit?
3. What sort of timepiece is there in the room?
4. How many domestic animals are there in the place?
5. Where is the child usually to be found? How does he show his liking for the visitor?
6. How do the animals show that they like the visitor?
7. Where was the dog on the first occasion that the poet called?

8. What probably woke the child on that occasion?
9. Where were the cats? How did they show their disapproval of the new-comer?

12. *Le Facteur*

Sur la route gelée et dure,
Où tremble de chaque côté
La sombre et farouche verdure
Des sapins au front attristé,

Le vieux facteur marche en silence
Frappant le sol de son bâton;
Sur son épaule se balance
Le sac aux lettres du canton.

Dans ce grand sac en toile usée
Un curieux découvrirait,
Après l'enveloppe brisée,
Plus d'un mystérieux secret.

Tout près des beaux rêves de gloire,
Dont un ami s'enivrera,
Est un cachet de cire noire
Qu'une mère en pleurs ouvrira.

Paroles d'espoir attendues,
Hypocrites serments, regrets,
Rires, tristesses éperdues
Reposent dans ses flancs discrets.

ALBERT GLATIGNY

1. What season is described?
2. What sort of trees line the road?
3. As the postman plods along one hears the crunch of his boots. What other sound does one hear?
4. In what condition is the postman's bag?
5. How does he carry his bag?

6. What are the poet's suggestions as to the contents of half a dozen of the letters?
7. How can one tell which are mourning letters?

13. *Le Charme de l'Océan*

Hâtons-nous! le soleil nous brûle sur ces roches!
Ne sens-tu pas d'ici les vagues toutes proches?
Et la mer! l'entends-tu? vois-tu tous ces pêcheurs?
N'entends-tu pas les cris et les bras des nageurs?
Ah! rendez-moi la mer et les bruits du rivage:
C'est là que s'éveilla mon enfance sauvage;
Dans ces flots, orageux comme mon avenir,
Se reflètent ma vie et tout mon souvenir!
La mer! j'aime la mer mugissante et houleuse
Ou, comme en un bassin, une liqueur huileuse,
La mer calme et d'argent! Sur ces flots écumeux,
Quel plaisir de descendre et de bondir comme eux,
Ou, mollement bercé, retenant son haleine,
De céder comme une algue au flux qui vous entraîne.
Alors on ne voit plus que l'onde et que les cieux,
Les nuages dorés passant silencieux,
Et les oiseaux de mer, tous allongeant la tête
Et jetant un bruit sourd en signe de tempête.

AUGUSTE BRIZEUX

1. Where did the poet spend his childhood?
2. What sort of life has he had?
3. Is the place he is describing a fishing port or a holiday resort?
4. What is the coast like?
5. What is the weather like on the occasion of this visit?
6. Does the poet like the sea only in its wilder mood?
7. According to the poet, how do gulls give warning of stormy weather?
8. What things does the poet like to watch when he is floating on the water?

14. *Le Lièvre*

Il grignote mes choux chaque nuit; je le laisse
Vivre; j'aime sa peur et j'aime sa faiblesse.

Loin de le dénoncer, je prétends qu'il n'ait pas
L'angoisse de la meute attachée à ses pas.
Je veux que par mes soins un lièvre vieillisse.
Quoique mes choux soient beaux, j'en fais le sacrifice.
Le matin, quand je vois mon enclos ravagé,
Je souris en pensant que dans l'ombre, léger,
Heureux et clandestin et rasant les allées,
Il est venu brouter les feuilles craquelées.
Je ne dresserai pas de piège où le saisir;
Au contraire, les jours d'automne, mon plaisir,
Quand la piste est brouillée et qu'ils errent sans guides,
C'est d'égarer les chiens et les chasseurs avides.

ABEL BONNARD, *Les Familiers*
(A. Fayard, éditeur)

1. When does the poet discover the hare's depredations?
2. What does the hare usually make its meal of?
3. Where does the poet find the most badly damaged plants?
4. What is the principal danger to which the hare is exposed?
5. In what season is the creature most likely to be persecuted?
6. How does the poet propose to protect the hare?
7. What is there about this creature which arouses his sympathy?
8. What does he hope this particular hare's fate will be?

15. *La Bible*

Mes deux frères et moi, nous étions tout enfants.
Notre mère disait: «Jouez, mais je défends
Qu'on marche dans les fleurs et qu'on monte aux échelles.»

Abel était l'aîné, j'étais le plus petit.
Nous mangions notre pain de si bon appétit,
Que les femmes riaient quand nous passions près d'elles.

Nous montions pour jouer au grenier du couvent,
Et là, tout en jouant, nous regardions souvent
Sur le haut d'une armoire un livre inaccessible.

Nous grimpâmes un jour jusqu'à ce livre noir;
Je ne sais comment nous fîmes pour l'avoir,
Mais je me souviens bien que c'était une Bible.

Ce vieux livre sentait une odeur d'encensoir.
Nous allâmes ravis dans un coin nous asseoir.
Des estampes partout! quel bonheur! quel délire!

Nous l'ouvrîmes alors tout grand sur nos genoux,
Et, dès le premier mot, il nous parut si doux
Qu'oubliant de jouer, nous nous mîmes à lire.

VICTOR HUGO

1. What had this house once been?
2. What were the boys forbidden to do?
3. Who was the eldest of the three brothers?
4. Where did the boys usually play?
5. Why did the passers-by sometimes laugh at them?
6. Why had they not had the Bible before?
7. Where did they take the book, and on what did they place it?
8. What first attracted them when they opened this Bible?
9. What shows that they found the book very interesting?

16.

Je vais, ami lecteur, d'un de nos meilleurs rois,
De Louis douze, ici vous conter une histoire:
De ce Père du peuple on chérit la mémoire;
La bonté sur les cœurs ne perd jamais ses droits.
Il sut qu'un grand seigneur, peut-être une Excellence,
De battre un laboureur avec eu l'insolence.
Il mande le coupable et, sans rien témoigner,
Dans son palais un jour le retient à dîner.
Par un ordre secret que le monarque explique,
On sert à ce seigneur un repas magnifique,
Tout ce que de meilleur on peut imaginer,
Hors du pain, que le roi défend de lui donner.
Il s'étonne; il ne peut concevoir ce mystère.
Le roi passe et lui dit: — Vous a-t-on fait grand'chère?
— On m'a bien servi, sire, un superbe festin;

Mais je n'ai point dîné: pour vivre, il faut du pain.
— Allez, répond Louis avec un front sévère,
Comprenez la leçon que j'ai voulu vous faire;
Et puisqu'il faut, monsieur, du pain pour nous nourrir,
Songez à bien traiter ceux qui le font venir.

ANDRIEUX

1. What sort of king was Louis XII? By what surname is he remembered?
2. In this story, who had displeased the king? What had this man done?
3. Did the king immediately reprove him?
4. For what purpose did this man come to the palace?
5. To whom had the king disclosed his intentions?
6. What sort of meal was served? Why was the guest puzzled?
7. What was the lesson which the king wished to teach him?
8. Suggest a title (in English) for the poem.

17. *Le dimanche des bœufs*

Dimanche. Les bœufs sont au pré.
Ayant, comme les hommes mêmes,
Six longs jours rudement ouvré,
Ils se reposent le septième.

C'est un après-midi de juin,
Vers le temps de la Pentecôte.
Les grillons chantent dans les foins,
Des fleurs embaument l'herbe haute.

. . .

Or, à l'abri du gros pommier
Qui devant la grange se dresse,
Les bœufs, las et rassasiés,
Se sont couchés dans l'herbe épaisse.

Ils ruminent. Sur leurs grands corps
Le soleil, trouant les ramures,
Pose de larges taches d'or,
Et, malgré les mouches obscures

Qui tourbillonnent autour d'eux,
Tranquilles sous la paix des branches,
Ils écoutent, dans l'air pieux,
Sonner les cloches du dimanche.

LOUIS MERCIER, *Le Poème de la Maison*
(Calmann-Lévy, éditeurs)

1. Under what sort of tree are the oxen lying? Where exactly is the tree?
2. What are the beasts doing?
3. Their bodies look mottled. Is this their own colouring?
4. What time of the year, and what time of day is it?
5. What scent is there in the air?
6. What sounds are heard?
7. Which day does the poet consider as the first of the week?
8. How do we know that the country-folk in this district are very hardworking?

18

Mais un chien sans défauts serait un chien unique.
Brillant avait les siens; c'était un domestique
Voleur, aux poulaillers redoutable; sa dent
Servait un appétit quelquefois imprudent;
Avec lui la cuisine était souvent en guerre.
Il est vrai que Brillant ne se contraignait guère.
Cherchait-on un coupable, on disait: le voilà!
Brillant a fait ceci, Brillant a pris cela.
La servante venait: «Je ne puis plus répondre
Qu'avec un pareil chien les poules veuillent pondre.»
Le jardinier venait: «Il a cassé mes fleurs.
Il a du potager ravagé les primeurs,
Et je viens de le voir qui, se donnant carrière
Des pattes de devant, des pattes de derrière,
Faisait dans le gazon des trous, pour s'y fourrer,
Où vous-même on pourrait, monsieur, vous enterrer.»
Les voisins à leur tour: «Il fait un tel tapage,
Qu'il n'est plus de repos possible en ce village,
Et de tels aboiements jusqu'au jour nous poursuit
Que nous ne saurions plus fermer l'œil de la nuit.»

PIERRE LEBRUN

1. Where does the owner of the dog live? What makes us think that he is well-to-do?
2. Why do the neighbours regard the dog as a nuisance?
3. Brillant has done three things which have greatly annoyed the gardener. What are they?
4. Give two reasons why the servant in charge of the poultry dislikes the dog.
5. Besides the gardener and the servant, who else in the house dislikes Brillant?
6. In the master's opinion, what sort of dog is most uncommon?
7. Suggest (in English) a title for the poem.

19. *Les Adieux de l'Hôtesse arabe*

Adieu, voyageur blanc. J'ai sellé de ma main,
De peur qu'il ne te jette aux pierres du chemin,
    Ton cheval à l'œil intrépide;
Ses pieds foulent le sol, sa croupe est belle à voir,
Ferme, ronde et luisante, ainsi qu'un rocher noir
    Que polit une onde rapide.

Si tu reviens, gravis, pour trouver ce hameau,
Ce mont noir qui de loin semble un dos de chameau;
    Pour trouver ma hutte fidèle,
Songe à son toit aigu comme une ruche à miel,
Qu'elle n'a qu'une porte et qu'elle s'ouvre au ciel
    Du côté d'où vient l'hirondelle.

Si tu ne reviens pas, songe un peu quelquefois
Aux filles du désert, sœurs à la douce voix,
    Qui dansent pieds nus sur la dune;
Ô beau jeune homme blanc, bel oiseau passager,
Souviens-toi, car peut-être, ô rapide étranger,
    Ton souvenir reste à plus d'une.

VICTOR HUGO

1. What is the traveller like? Is he an Arab?
2. What leads us to believe that he has not stayed very long in this place?
3. In what sort of country do these Arabs live?

4. Where exactly is the hamlet situated?
5. What shape are the Arabs' huts? What do they resemble? What openings have they?
6. According to the poet, in what tones do Arab women converse?
7. Where do they sometimes dance? Do they dance in shoes?
8. Who has saddled the traveller's horse?
9. What colour is the horse? What is his coat like?

20. *Le vieux Manoir*

En traversant la France,
Je visitai ces murs, berceau de mon enfance:
Morne et le cœur navré, j'entendis les roseaux
Murmurer tristement au pied de leurs créneaux.
Que de fois à ce bruit j'ai rêvé sous les hêtres,
Dont l'antique avenue ombragea mes ancêtres!
Le fer les a détruits, ces témoins de mes jeux;
Mon vieux manoir désert tombe et périt comme eux.
L'herbe croît dans les cours; les ronces et le lierre
Ferment aux pêlerins sa porte hospitalière.
Le portrait de mon père, arraché du lambris,
Était là dans un coin, gisant sur des débris.
Pas un des serviteurs dont il reçut l'hommage,
Et qui heurtent du pied sa vénérable image,
N'a de l'ancien seigneur reconnu l'héritier,
Hors le chien du logis, couché sur le foyer,
Qui, regardant son maître avec un air de fête,
Pour me lécher les mains a relevé la tête.

CASIMIR DELAVIGNE

1. How does this man feel as he walks up to the old house?
2. What part of the grounds did he love when he was a boy? Why does this part of the estate look so changed?
3. In what condition is the house?
4. In what state is the courtyard?
5. What does one notice about the front door?
6. What was one traditional virtue of the family?
7. What makes us think that the speaker has not visited the place for a very long time?
8. Which old friend remembers the young master? How does he show his pleasure at seeing him?

21. *La Guêpe et l'Abeille*

Dans le calice d'une fleur
La guêpe un jour voyant l'abeille,
S'approche en l'appelant sa sœur.
Ce nom sonne mal à l'oreille
De l'insecte plein de fierté,
Qui lui répond: — Nous sœurs, ma mie,
Depuis quand cette parenté?
— Mais c'est depuis toute la vie,
Lui dit la guêpe avec courroux;
Considérez-moi, je vous prie:
J'ai des ailes tout comme vous,
Même taille, même corsage;
Et, s'il vous en faut davantage,
Nos dards sont aussi ressemblants.
— Il est vrai, répliqua l'abeille,
Nous avons une arme pareille,
Mais pour des emplois différents.
La vôtre sert votre insolence,
La mienne repousse l'offense;
Vous provoquez, je me défends.

FLORIAN

1. Where do the two insects meet?
2. How does the wasp greet the bee?
3. What does the bee say which greatly annoys the wasp?
4. The wasp claims close relationship to the bee. What points of resemblance does it mention?
5. What claim does the bee admit?
6. How does the bee finally defeat the wasp's argument?

22. *L'Angélus*

Si le son de la cloche est triste, il l'est bien plus
L'hiver, quand vient la nuit, et quand c'est l'angélus
Qui sonne lourdement au clocher du village,
Rythmé par les sanglots de la mer sur la plage.
Dans les cœurs son écho lugubre retentit.
Celle qui reste songe à celui qui partit

Sur sa barque, parmi la brume et la tempête,
Et se demande, auprès du rouet qui s'arrête,
Si là-bas, dans les flots, son homme, le marin,
A comme elle entendu les coups du grave airain,
Et si, malgré la lame affreuse qui grommelle,
Il s'est bien souvenu de se signer comme elle.

FRANÇOIS COPPÉE

1. What work is the woman doing?
2. What causes her to stop her work?
3. To what person do her thoughts turn? What is this person's occupation, and where is he now?
4. What makes us think that these folk belong to a hardy race?
5. What shows that the woman is a devout Catholic?
6. When does the Angelus bell ring?
7. When does it sound particularly mournful?
8. Where does it ring?
9. What sound accompanies the tolling of the bell in this lonely spot?

23. *Le Vieux Mendiant*

Le vieux mendiant triste et fatigué
Est allé s'asseoir sur le banc de pierre,
Les pieds écorchés d'avoir tant vagué
Par les grands chemins ou par la bruyère,

Sur le banc de pierre, au bas du grand mur
Qui soutient le champ des morts et l'église
Dont le lourd clocher monte dans l'azur,
Derrière un buisson pendant de cytise.

Il a laisse choir son bissac usé,
Jeté son chapeau rongé par la pluie,
Et son bras levé, d'un geste épuisé,
Passe sur son front que sa manche essuie.

Son bâton de houx, son bon compagnon
Qui par mainte lande et par mainte grève
A tant soutenu son pas vagabond,
Tombe auprès de lui sans qu'il le relève;

Et ses mains à plat sur ses deux genoux,
La tête penchée, il regarde à terre,
D'un regard perdu parmi les cailloux,
Entre ses sabots bourrés de fougère.

AUGUSTE ANGELLIER
(Hachette et Cie, éditeurs)

1. How is the beggar feeling?
2. Near what building is he resting?
3. On what sort of seat is he sitting? Where exactly is this seat?
4. What gesture does he make which shows how weary he is?
5. In what attitude is he sitting? What is he looking at?
6. Name three articles which he has either dropped or cast aside.
7. What sort of footwear has he?
8. In what condition are his feet? What has he done to make walking a little more comfortable?
9. Where has he been tramping?
10. What sort of stick has he? How do we know that he has had it a long time?

24. *Après la Bataille*

Mon père, ce héros au sourire si doux,
Suivi d'un seul housard, qu'il aimait entre tous
Pour sa grande bravoure et pour sa haute taille,
Parcourait à cheval, le soir d'une bataille,
Le champ couvert de morts sur qui tombait la nuit.
Il lui sembla, dans l'ombre, entendre un faible bruit;
C'était un Espagnol de l'armée en déroute,
Qui se traînait sanglant sur le bord de la route,
Râlant, brisé, livide et mort plus qu'à moitié,
Et qui disait: «A boire, à boire, par pitié?»
Mon père, ému, tendit à son housard fidèle
Une gourde de rhum qui pendait à sa selle,
Et dit: «Tiens, donne à boire à ce pauvre blessé.»
Tout à coup, au moment où le housard baissé
Se penchait vers lui, l'homme, une espèce de Maure,
Saisit un pistolet qu'il étreignait encore,

Et vise au front mon père en criant: «Caramba!»
Le coup passa si près que le chapeau tomba,
Et que le cheval fit un écart en arrière.
«Donne-lui tout de même à boire», dit mon père.

VICTOR HUGO

1. What armies had been engaged in the battle?
2. Where was the General (i.e. the poet's father) riding when this incident took place?
3. What time of day was it?
4. By whom was the General accompanied? Why had he chosen this man to serve him?
5. Where did they find the wounded man? What was he? In what state was he?
6. What did the wounded man ask for?
7. Why was the General in a position to help him?
8. What astonishing thing did the man do?
9. How do we know that the attempt was nearly successful?
10. How did the General repay the man for this conduct?

SECTION III

Phrases and Sentences on Grammatical Points

[The numbers at the head of each exercise refer to the paragraphs of the Grammar Section.]

I. THE ARTICLE

(§§ **1–5**)

1. The door of a classroom. 2. A doctor's son. 3. The master is speaking to some pupils. 4. She is writing to a friend. 5. My brother is a farmer.. 6. She is a Frenchwoman. 7. Horses, cows and sheep eat grass. 8. Do you speak English? 9. He knows French well. 10. Poor Marcel is ill. 11. It's Dr. Bonnet, isn't it?—No, it's Captain Billet. 12. Close your eyes; now open your mouth. 13. She has black hair and brown eyes. 14. The child washes his hands and face. 15. His mother washes his neck and ears. 16. He was sitting there with his eyes closed. 17. We are going to Paris. 18. My brother is in London. 19. Has he come back from Madrid? 20. Has your father gone to Italy?—No, he is still in France. 21. When will she come back from America? 22. We spend the winter in the South of France. 23. Have you seen the Queen of England? 24. He knows English well. A German. An English town.

2. THE ARTICLE (*contd.*)

(§§ **6–9**)

1. At lunch we eat bread, meat, fish, vegetables; we drink wine, cider, or simply water. 2. Bring some paper and some string. 3. Have you any cheese?—Yes, I have cheese. 4. The poor child has no relatives. 5. I haven't a hat. 6. He no longer has any money. 7. Large houses; old friends; in other shops. 8. Much work; a lot of patience; many things. 9. Enough water; enough cups. 10. So

much corn; so many animals. 11. I have as many fruit-trees as you. 12. They burn more wood and less coal. 13. Several children, several women. 14. Most of the men were young. 15. Most English people like tea. 16. I need a big knife. 17. Are you cold?—No, I am warm. 18. I feel inclined to go to the cinema. 19. He was hungry; he was cold. 20. The dance takes place this evening. 21. I think he is right.—On the contrary, I am sure he is wrong. 22. We were afraid. 23. They are thirsty. 24. Take care of your dress.

3. NOUNS AND ADJECTIVES

(§§ **10–16**)

1. One sees many domestic animals; horses, cows, calves, lambs. 2. We grow (*cultiver*) cabbages and potatoes. 3. Ladies and gentlemen, the concert is finished. 4. I collect postage-stamps. 5. Rats live in holes. 6. My grandfather is older than my grandmother. 7. We saw the king and queen. 8. Her husband has been ill. 9. *Give the feminine of*: blanc, long, gros, bon, doux, gentil, heureux, frais, actif, fier. 10. A beautiful tree; my old uncle; her new friend. 11. A long white dress; a small blue book. 12. His own words; clean gloves. 13. A better newspaper. 14. He sings better than his brother. 15. He is taller than I. 16. She is as kind as her mother. 17. This house is not so large as the other. 18. This room is less comfortable. 19. Bread is becoming dearer and dearer. 20. She put on her prettiest hat. 21. His most devoted friend. 22. It is the largest hotel in the town. 23. A very amusing film.

4. NUMERALS, DATES, ETC.

(§§ **17–21**)

1. *Write down in French:* 21, 35, 70, 71, 75, 80, 81, 98, 100, 400, 520; 1,000; 5,000. 2. A dozen boxes; about 20 sheep; a fortnight; hundreds of motor-cars. 3. The first time; the fifth day. 4. Do you travel (in) first class? —No, I travel (in) second. 5. The wall was 4 metres high. 6. The box was 75 cm. long. 7. The station is 2 kilometres from our house. 8. How old is he?—He is sixteen. 9. We went there last year and we shall go there next year. 10. In

spring; in winter; in summer. 11. *Write in French a list of the months of the year and a list of the days of the week.* 12. The fair takes place in June. 13. They arrived on August 23. 14. Last Saturday; next Thursday. 15. I go to their house on Sundays. 16. We saw him three weeks ago. 17. I meet him every day. 18. In the morning I work; in the evening I enjoy myself. 19. The day on which I arrived. 20. One day when I was going to school. 21. He will come back in a quarter of an hour's time. 22. You can get (*aller*) there in half an hour. 23. *Write down the French for the following times:* 2.30, 3.15, 5.45, 4.10, 7.40. 24. I caught the 2.5 train. 25. We shall arrive there at about 9 p.m. 26. Give me half your apple.

5. PERSONAL PRONOUNS AND DISJUNCTIVE PRONOUNS (§§ 22–26)

1. I know her. 2. We like them. 3. He struck me. 4. I shall speak to her. 5. We shall write to them. 6. He often goes there. 7. We have some at home. 8. We give it to him. 9. He sends them to me. 10. You will not find them there. 11. Look at her. Do not look at her. 12. Take them. Do not take them. 13. Loose me. Do not loose me. 14. Give them to him. Do not give them to him. 15. Tell it to me. Do not tell it to me. 16. Have you a dog?—We have two. 17. Does he give you presents?—Yes, he gives me a lot. 18. I shall write it myself. 19. They have made it themselves. 20. Come with me; we will start without him. 21. Shall we go to his house? 22. I don't want to go there. 23. Who has done this?—I. 24. You play better than he. 25. It is she; it is us; it is they. 26. One of them was cutting wood.

6. RELATIVE PRONOUNS (§§ 27–30)

1. The child who is playing. 2. The parents whom we love. 3. The table which is in the sitting-room. 4. The flowers which we pick. 5. The man of whom I am speaking. 6. The noise was coming from the kitchen, the door of which was open. 7. I met a man whose son I know well. 8. This

is the stick with which I hit it. 9. We were in a wood near which there was a farm. 10. Who is the gentleman to whom you are writing? 11. Whose umbrella is this? 12. Do you know what is in this trunk? 13. He asked me what I was doing. 14. I do not understand what he says. 15. All he says is true. 16. He ate all that was on the table.

7. DEMONSTRATIVE ADJECTIVES AND PRONOUNS (§§ 31–34)

1. This dog, these dogs; that man, those men; this street, these streets. 2. Come this evening. 3. That evening he went out early. 4. On that day they arrived at Marseilles. 5. My bedroom is large; my brother's is smaller. 6. Our garden is small; my uncle's is very large. 7. Your shoes are pretty; I don't like Mary's. 8. Which woman?—The one who sells newspapers. 9. Which books?—Those which you are reading. 10. All who have paid may go in. 11. What pretty hats! I like this one very much.—Oh! I prefer that one. 12. Look at this! 13. Who has written that? 14. She is a charming girl. 15. They are Americans. 16. It is evident that he will not stay.—Yes, it is evident. 17. It will be difficult to find his address.—Yes, it will be difficult.

8. INTERROGATIVES AND POSSESSIVES (§§ 35–38)

1. What is your address? 2. What shoes will you wear? 3. What a pretty garden! What flowers! 4. Who is singing? 5. Whom do you see? 6. What is hurting you? 7. Wha tdoes he say? 8. With what shall I cut it? 9. His son, her son; her aunt, his aunt. 10. She put on her hat. 11. I met a friend of mine there. 12. Their car is larger than ours. 13. Your suit is lighter than mine. 14. My hat is not so pretty as hers. 15. My watch is smaller than his.

9. INDEFINITE ADJECTIVES AND PRONOUNS (§§ 39–47)

1. Nobody knows them. 2. He recognised nobody. 3. I shall not show it to anybody. 4. Who was there?—

Nobody. 5. Nothing amuses him. 6. He said nothing. 7. What have you written?—Nothing. 8. He went away without saying anything. 9. Not one of his friends wrote to him. 10. Each tree and each plant. 11. Each of these trees and each of these plants. 12. Each one brought a present. 13. Do you know his sons?—Yes, both are very tall. 14. I meet him every day. 15. Such a hat; such a pretty hat. 16. I never say such things. 17. You will stay; the rest may go out. 18. Some time afterwards he came back. 19. I have something interesting to tell you. 20. He brings me a few flowers. 21. Some of the soldiers were very young. 22. Are there any rabbits?—Yes, there are a few (of them). 23. He still lives in the same house. 24. He speaks to everybody, even to the children.

10. SIMPLE TENSES OF VERBS

(§§ **48–49**)

1. I see. 2. Do you know? 3. Does he work? 4. They are reading. 5. Do I write the address? 6. Does he walk quickly? 7. Am I rich? 8. Have I a motor-car? 9. Do I receive an answer? 10. Do you not see the church? 11. They were going. 12. He took. 13. She will be. 14. He used to say. 15. They followed. 16. We shall not have. 17. Were they not working? 18. She did not arrive. 19. Will he not know? 20. I should come. 21. They did not see. 22. Would he be ready? 23. They will not sell.

11. COMPOUND TENSES

(§§ **50–51**)

A. With *avoir*

1. I have carried; I have not carried; have you carried? have you not carried? 2. He had seen; he had not seen; had you seen? had you not seen? 3. We shall have sold; we shall not have sold. 4. They would have said; they would not have said; would you have said? would you not have said?

B. With *être*

1. He has arrived; he has not arrived; has he arrived? has he not arrived? 2. They had gone out; they had not

gone out; had they gone out? had they not gone out? 3. I shall have departed; I shall not have departed. 4. We should have stayed; we should not have stayed.

C. With *avoir* and *être*

1. She had written. 2. They have arrived. 3. We should have opened. 4. We had remained. 5. They will have given. 6. I should have gone out. 7. He has not received. 8. She will have gone out. 9. Did he come? 10. They would not have said. 11. We had not come back. 12. Had she spoken? 13. He has not come home. 14. We had not opened. 15. Had they departed? 16. I should not have stayed. 17. Have they taken? 18. Would he have come? 19. Would they not have refused? 20. Has he not come down?

12. PARTS OF COMMON VERBS
(§§ 53–54)

Give the 1st person singular and plural and the 3rd person plural of the tenses indicated:

(*pres.* = present indicative; *imp.* = imperfect indicative; *perf.* = perfect; *p. hist.* = past historic; *fut.* = future.)

avoir, *perf.*, *fut.*, *p. hist.*
être, *perf.*, *fut.*, *p. hist.*
porter, *p. hist.*, *fut.*
finir, *pres.*, *imp.*
vendre, *perf.*, *p. hist.*
dormir, *pres.*, *perf.*
ouvrir, *pres.*, *perf.*
conduire, *pres.*, *perf.*, *p. hist.*
craindre, *pres.*, *imp.*, *perf.*, *p. hist.*
apercevoir, *pres.*, *perf.*, *p. hist.*, *fut.*
aller, *pres.*, *perf.*, *fut.*
s'asseoir, *pres.*, *perf.*, *p. hist.*, *fut.*
battre, *pres.*, *perf.*, *p. hist.*
boire, *pres.*, *imp.*, *perf.*, *p. hist.*
connaître, *pres.*, *perf.*, *imp.*, *p. hist.*
courir, *pres.*, *perf.*, *p. hist.*, *fut.*
croire, *pres.*, *perf.*, *p. hist.*
cueillir, *pres.*, *perf.*, *fut.*
dire, *pres.*, *imp.*, *perf.*, *p. hist.*
écrire, *pres.*, *perf.*, *p. hist.*
envoyer, *pres.*, *fut.*
faire, *pres.*, *p. hist.*, *fut.*
fuir, *pres.*, *imp.*, *p. hist.*
lire, *pres.*, *imp.*, *perf.*, *p. hist.*
mettre, *pres.*, *perf.*, *p. hist.*
mourir, *pres.*, *perf.*, *p. hist.*, *fut.*
naître, *perf.*, *p. hist.*
plaire, *pres.*, *imp.*, *perf.*, *p. hist.*
pouvoir, *pres.*, *perf.*, *p. hist.*, *fut.*
prendre, *pres.*, *imp.*, *perf.*, *p. hist.*
rire, *pres.*, *perf.*, *p. hist.*
savoir, *pres.*, *perf.*, *p. hist.*, *fut.*
suivre, *pres.*, *perf.*, *p. hist.*
se taire, *pres.*, *perf.*, *p. hist.*
tenir, *pres.*, *perf.*, *p. hist.*, *fut.*
venir, *pres.*, *perf.*, *p. hist.*, *fut.*
vivre, *pres.*, *perf.*, *p. hist.*
voir, *pres.*, *perf.*, *p. hist.*, *fut.*

vouloir, *pres.*, *perf.*, *p. hist.*, *fut.*
commencer, *pres.*, *imp.*, *p. hist.*
nager, *pres.*, *imp.*, *p. hist.*
mener, *pres.*, *fut.*
appeler, *pres.*, *fut.*
jeter, *pres.*, *fut.*
répéter, *pres.*, *fut.*
employer, *pres.*, *fut.*

13. REFLEXIVE AND PASSIVE
(§§ 55–61)

1. We are resting. 2. He is not mistaken. 3. Do you bathe? 4. We do not wish to fight. 5. Are you going to bathe? 6. Stand up; no, sit down. 7. Let us sit down; let us not sit down. 8. Go away! No, do not go away. 9. They were looking at each other. 10. The train stopped. 11. The door opened, then it closed again. 12. We shall dress. 13. He has run away. 14. They had fought. 15. The car would have stopped. 16. They have written to each other. 17. The child had wiped her eyes. 18. He sat down in an armchair. 19. He was sitting on a chair. 20. They are punished. 21. The house has been sold. 22. The trees will be cut down. 23. He was found the next day; he was wounded. 24. We should have been beaten. 25. It is said that he is rich. 26. I have been told to wait. 27. They are allowed to go out. 28. We are forbidden to run.

14. PAST PARTICIPLE AND PRESENT PARTICIPLE
(§§ 62–63)

1. She has been bitten by a dog. 2. They had gone away. 3. They have said. 4. She has bought some shoes. 5. My letters? I have already written them. 6. The lady I had seen was his aunt. 7. We have written to her. 8. Where are the apples which he has sent? 9. How many cakes has he eaten? 10. Have you seen any fish?—Yes, I have seen some. 11. He has given them some sweets. 12. They have bathed; I think they have dressed. 13. He has a charming sister. 14. She was in the orchard, eating plums. 15. They are in the sitting-room, playing cards. 16. On seeing the policeman, he began to run. 17. While working in the garden, he found a gold coin. 18. You will oblige me by sending me the money at once.

15. IMPERSONAL VERBS. AGREEMENT OF SUBJECT AND VERB. INVERSION

(§§ **64–66**)

1. There is; there have been; there will be; are there? there has been. 2. It is raining; it has been raining; it was raining; it will rain. 3. It is snowing, it was snowing. 4. What is the weather like?—It is fine. 5. The weather has been bad. 6. Yesterday it was warm; to-day it is cold. 7. It is better to accept what he offers us. 8. It would be better to take a taxi. 9. It seems to me that he is right. 10. He had fifty francs left. 11. My brother and I are going to London. 12. Was it you who struck my dog? 13. Have your parents gone out? 14. Is his house very large? 15. It's me she said. 16. 'What!' he cried.

16. USE OF TENSES

(§§ **67–72**)

1. How long have you been working here?—I have been working here for three months. 2. How long had you been waiting?—I had been waiting for half an hour. 3. She found her key, opened the door and went in. She took off her hat, went into the sitting-room, sat down in an arm-chair and began to read. 4. She was very old. 5. The road led to a farm. 6. What were you doing?—I was reading my newspaper. 7. We used to drink a lot of cider. 8. After lunch, he would read for half an hour. 9. I went to see him every week. 10. She always said the same thing. 11. He arrived yesterday. 12. We saw them last week. 13. When he had sold his cows, he went home. 14. As soon as they had gone out, he began to laugh.

17. FUTURES. SI

(§§ **73–74**)

1. When she comes back, I will give her your card. 2. He said he would come and see me when he was in Paris. 3. I will give my answer when I have seen my parents. 4. He said he would come here when he had had lunch. 5. I have called him, but he won't answer. 6. He was about

to go out. 7. If it is fine we shall go to the seaside. 8. If I were rich, I should have a fine motor-car. 9. If it had rained, we should have played in the house.

18. THE INFINITIVE
(§§ 75–76)

1. I helped him to pick the apples. 2. My father did not like to punish me. 3. He prefers to stay at home. 4. I amuse myself collecting stamps. 5. She is learning to swim. 6. The man stopped working. 7. I was afraid of disturbing him. 8. The child ceased crying. 9. It is beginning to rain. 10. I advise you to catch (*prendre*) this train. 11. He consented to accompany me. 12. We have decided to start to-morrow. 13. She forbade them to go out. 14. He asked me to open the window. 15. She hastened to prepare the meal. 16. I desire to see the manager. 17. He told me to take a taxi. 18. They prevented us from entering. 19. We were listening to them singing. 20. I don't encourage you to try it. 21. We heard him shout. 22. We hope to see you soon. 23. Mother, this boy tried to hit me.

19. THE INFINITIVE (*contd.*)
(§§ 75–76)

1. He was astonished to find them at our house. 2. We have finished eating. 3. I hesitate to say it. 4. They have invited us to accompany them. 5. I shall let them play in the garden. 6. He threatened to strike me. 7. You deserve to lose your money. 8. I dare not refuse. 9. He had forgotten to close the window. 10. She appeared to hesitate for a moment. 11. Allow me to thank you. 12. I beg you to excuse me. 13. We refuse to do it. 14. He has promised to write to us. 15. I regret to tell you that he has gone away. 16. He thanked us for having helped him. 17. They succeeded in escaping. 18. She spends her time reading novels. 19. They waste their time playing poker. 20. You seem to think I am wrong. 21. Go and see who is there. 22. He ran and told his mother what he had seen. 23. I have just written to him. 24. We had just gone out.

20. THE INFINITIVE (*contd.*)
(§§ 77–84)

1. They are ready to begin. 2. He is always the last to begin and the first to finish. 3. I have much to do, but you have nothing to do. 4. It will be necessary to obtain a passport. 5. I feel inclined to go for a walk. 6. We are glad to know it. 7. He will be obliged to pay. 8. After seeing his parents he went away. 9. He got up to receive the visitors. 10. They were too weak to walk. 11. I am not strong enough to carry it. 12. He began by showing me some cards. 13. In the end they accepted. 14. He said it without smiling. 15. I shall see you before going away. 16. You make him work hard. 17. He made them open the door. 18. These visits made her happy. 19. We are having a garage built.

21. VOULOIR, SAVOIR, POUVOIR, DEVOIR, FALLOIR
(§§ 85–89)

1. I wish to help you. 2. I wanted to see him. 3. He would like to know your address. 4. I wish I knew his reasons. 5. We should like to have gone there. 6. What do you mean? 7. Can you calculate quickly? 8. I can't come out this morning. 9. We know his family. 10. May I see your ticket? 11. When we were at school, we could go out every day. 12. You could do that later. 13. He said he might come this evening. 14. They could have written to us. 15. You must send him a card. 16. He was to meet her at the station. 17. She must have seen me. 18. He had to do all the work. 19. You ought to go and see them. 20. They ought to have waited for us.

22. THE SUBJUNCTIVE
(§§ 90–94)

A. *The Form of the Subjunctive.*

1. *Give the 1st person singular and plural and the 3rd person plural of the Present Subjunctive of:* porter, choisir, entendre, avoir, être, faire, dormir, ouvrir, connaître, dire, lire, écrire, mettre, prendre, voir, aller, savoir, pouvoir, apercevoir, battre, suivre. 2. *Give in full* (a) *the Imperfect Subjunctive of:*

avoir, être, porter, vendre, savoir; (b) *the Perfect Subjunctive of:* voir, partir; (c) *the Pluperfect Subjunctive of:* dire, sortir.

B. *The Use of the Subjunctive*

1. Although she is rich, she is not very happy. 2. I will leave my card so that he may know I have come. 3. They ran away before he saw them. 4. You sometimes knock without my hearing you. 5. I shall stay here until he comes back. 6. We should not go there unless the weather were fine. 7. She wants me to write to her. 8. I am sorry he is so ill. 9. We are glad that you have so many friends. 10. It is a pity he does these things. 11. We are afraid he may see us. 12. I don't think it is true. 13. Do you think she is pretty? 14. He must (use *falloir*) tell us what he knows.

23. GOVERNMENT OF VERBS (§§ 95–98)

1. He was waiting for the postman. 2. They are looking for a ball. 3. Listen to the birds. 4. She sent for the servants. 5. They live in Lille. 6. Have you paid for the seats? 7. Look at all these fish! 8. He gives them old clothes. 9. We have sent them presents. 10. I offered him money. 11. We have lent them our car. 12. They were given clothes and shoes. 13. I asked her for a glass of water. 14. My reply seemed to please him. 15. We buy our vegetables from them. 16. He borrowed some money from his brother. 17. This man stole his wallet from him. 18. I was thinking of my parents. 19. You haven't answered my question. 20. She resembles her mother very much.

24. GOVERNMENT OF VERBS (*contd.*) (§§ 99–101)

1. She was teaching them to read. 2. He advised them to return to the town. 3. His mother had forbidden him to go out. 4. I asked him to accompany me. 5. Tell him to come later. 6. I don't allow them to play here. 7. He prevented them from fighting. 8. They approached the house. 9. He came up to me. 10. The children make fun of him. 11. I remember his name. I remember it. 12. It

is a day I remember well. 13. They use this book. Here is the book they use. 14. I thank you for your kind letter. 15. They entered the inn. 16. Suddenly a man ran out of the shop. 17. She took a box of powder out of her bag. 18. They made for the station. 19. She turned to me and smiled. 20. We pass the cinema every day. 21. Last week, we attended a party at their house. 22. We play football in winter; in summer we play tennis. 23. We are starting to-day for Marseilles.

25. ADVERBS (§§ 102–108)

1. You don't know him?—Yes, I do. 2. Not yet; not at all. 3. My friend can't come either. 4. They no longer write to us. 5. I will take only three of them. 6. She is hardly pretty. 7. He never goes out in the evening. 8. Have you ever seen his wife? 9. Neither the French nor the English like war. 10. They never give him anything. 11. His mother told him not to go out. 12. I have decided to do nothing to-day. 13. Softly; prudently; truly; gaily; politely; deeply; precisely. 14. I always write to him on January 1st. 15. Walk more slowly. 16. You speak as correctly as he. 17. He plays better than his brother. 18. How lazy that man is! 19. How do you do that? 20. What! you have lost your key? 21. I can't do it, it is so difficult. 22. We shall do our best to help you. 23. He has won more than 500 francs. 24. You earn more than I. 25. I had so much wanted to see him! 26. There are few people who like them. 27. You have little time to waste.

26. ADVERBS (*contd.*) AND SOME CONJUNCTIONS (§§ 109–111)

1. I shall soon find it. 2. Why are you starting off so soon? 3. To-day we shall arrive earlier. 4. Yesterday I went to bed late. 5. Run or you will be late. 6. I went in before you. 7. Before 9 o'clock. 8. He writes to me from time to time. 9. At the same time. 10. Did you arrive there in time? 11. I went into town last night. 12. We

shall have a letter to-morrow morning. 13. The next morning he got up early. 14. The peasants come to the market early in the morning. 15. Where do you come from? 16. I have seen it somewhere. 17. Is he downstairs?—No, he is upstairs. 18. Don't you see the church over there? 19. We shall live elsewhere. 20. Besides, it isn't certain. 21. He hasn't gone out, for his hat is still there. 22. So you refuse? 23. What do you want then? 24. It is perhaps your friend. 25. Since my mother is ill, I shall stay at home. 26. While I am working, my dog sleeps under the table. 27. He works hard, whereas his brother does nothing.

27. PREPOSITIONS
(§ 112)

1. The man with the red face. 2. 'Help!' he shouted. 3. Children enjoy themselves well in the country. 4. The chief was followed by six armed men. 5. In this way I always know what they are doing. 6. Is the shop on this side?—No, it is on the other side. 7. He had a little hut hidden among the trees. 8. We have been here for three days. 9. But for you, I should have lost my luggage. 10. I will accompany you as far as the square. 11. He was ill for a month. 12. They will come to our house for a few days. 13. She was knocked down by a motor-car. 14. This way, miss. 15. The children were looking out of the window. 16. On a wet day. 17. Twice a day.

28. PREPOSITIONS (*contd.*)
(§ 113)

1. He arrived about nine o'clock. 2. The town is (at) about 5 kilometres from here. 3. That will cost about 50 francs. 4. What does he say about my brother? 5. The day after, he tried again. 6. After a week she came back. 7. He was walking along the hedge. 8. One day when I was walking along the street . . . 9. He was sitting in the shade of a big tree. 10. They were on horseback. 11. I went there on foot. 12. The dog jumped over the hedge. 13. He climbed up a tree. 14. He hit the thief with a big stick. 15. He shouted with all his might.

SECTION IV

English Prose Passages for Translation

A

[These exercises provide special practice in Tense usage.]

1. *Our Visits to my Uncle's House*

(Present)

In summer we often[1] go to my uncle's house in the country. We usually[1] go there on Sundays.[2] We get up at half-past seven.[3] We drink our coffee in the kitchen and set off for the station about 8 o'clock. We catch the 8.20 train[4] which arrives at Sarlon at 8.55. Near the station we get on the bus, which stops in front of my uncle's house. I always[1] enjoy myself when we go there, my uncle and aunt are so nice. We have lunch at half-past twelve and afterwards we go and sit[5] in the sitting-room or the garden to talk. My mother and aunt[6] gossip for hours!

1. Put adverb after verb. 2. § 20 (c). 3. For time by the clock, see § 21. 4. 'the train of 8.20.' 5. § 76 (a). 6. Repeat 'my' before 'aunt.'

2. *A Schoolboy's Life*

(Present)

Classes begin at 8 o'clock. I leave the house at twenty-five to eight[1] and usually reach the school at five minutes to eight.[1] If it rains I take the bus. In the playground I meet my school friends. If the weather is fine we walk about the playground and chat. It is Tuesday to-day. Let us see, what classes have we? This morning we have German,[2] History and Mathematics; this afternoon we have English and Drawing. Most of the masters are nice. If one works well they are pleased. My parents, too, are happy if I have good marks.[3] If I have bad marks,[3] they grumble at me. Every evening I have homework. If I finish it early, I watch television or I read an interesting book.

1. For time by the clock, see § 21. 2. When speaking of school subjects one dispenses with the article, e.g. *Nous avons anglais et physique.* 3. Article when adjective precedes noun? § 7 (b).

3. *A French Schoolboy writes to an English Schoolboy*

(Present)

We have been[1] in[2] Paris for five years. How long[1] have you been living in[2] London? It is an enormous city, isn't it? I am very fond of Paris. I like the fine streets, the shops, the great squares, the bridges; I like the traffic and the crowds. I hope to go to London one day. At present I don't know English well enough to[3] talk to English people.[4] I have been learning[1] it for three years. How long have you been learning[1] French? Do you spend your holidays in the country? I like the country in[5] spring and summer, but I don't like it much in autumn and winter. I like the seaside better[6] than the country.

1. Look up this construction. § 67. 2. Preposition? § 5. 3. Preposition? § 80. 4. Unnecessary to put a word for 'people.' 5. For 'in' with seasons, see § 20 (a). 6. Order: 'I like better the seaside.'

4. *An Excursion*

(Future)

To-morrow, if it is[1] fine, we shall go into the country to[2] gather blackberries and mushrooms. We shall start out at 9 o'clock and we shall go by bus as far as Chatigny. There we shall take the little road to the left. This road is lined with hedges and we shall find plenty of blackberries there. We shall also go into the meadows to look for mushrooms. If the farmer sees[1] us, he won't be pleased! In the woods we shall look for horse-chestnuts; if we find[1] any, I shall bring some back for Charles. In the village we shall buy some bread, butter and ham, and we shall drink something at the café. I am sure that we shall enjoy ourselves well. Will you[3] accompany us?

1. Tense? § 74. 2. Preposition? § 80. 3. 'Will you?' here means 'Are you willing?' § 85.

5. *A Sister's Return*

(Future)

On Thursday[1] I shall go to Dieppe to meet my sister. I shall catch the 2.10 train.[2] When I reach[3] Dieppe I shall have an hour to wait. I shall stroll along the quays and when I am[3] tired I shall go and sit[4] in a café. I think the boat will arrive at about half-past three. When the Customs officers have[3] examined her luggage, my sister will be able to come out. As she will probably be hungry, we shall go into a restaurant. When we have[3] finished our meal we shall go and get[4] the luggage. The train leaves at 5.20 and we shall get home about 6 o'clock.

1. One just says 'Thursday.' § 20 (c). 2. 'the train of 2.10.' 3. Tense? § 73. 4. § 76 (a).

6. *Mistress and Maid*

(Perfect with *avoir*)

THE MISTRESS What have you done this morning?

THE MAID I have done the bedrooms, I have lit a fire in the dining-room, I have dusted all the furniture and I have swept the yard.

THE MISTRESS You have done well. Have you cleaned the sitting-room windows?[1]

THE MAID No, madam, I haven't cleaned[2] them yet; I will do that this afternoon.

THE MISTRESS Have you washed the glasses we left[2] in the sitting-room last night?

THE MAID Yes, madam, I have washed[2] them.

THE MISTRESS Good! Now carry into the kitchen those vegetables I bought.[2] I have left[2] them in the hall.

1. 'the windows of the sitting-room.' 2. Be careful of the past participle here: it has a preceding direct object. § 62 (b).

7. *A Day at the Sea-side*

(Perfect with *être*)

Last Sunday[1] we went[2] to the sea-side. We started out at a quarter past eight[3] and reached[2] the sea at a quarter to ten.[3] Of course you know[4] Franceville. First of all we went up[2] on to the cliffs to enjoy the wonderful view, then we went down[2] on the beach. We sat on the sand and rested[5] for an hour. At half-past eleven[3] our cousins arrived[2] and then we all bathed.[5] We undressed[5] behind the rocks. After the bathe we lay down[5] on the sand and I went to sleep.[5] When I woke up[5] I found myself[5] alone. I got up[5] and went[5] and looked[6] behind the rocks; there I found the whole family. Mother said, 'We came[2] here to be in the shade.'

1. § 20 (c). 2. The past participle agrees in the compound tenses of *aller* and the other verbs conjugated with *être*. § 51. 3. For time by the clock, see § 21. 4. *connaître* or *savoir*? § 86. 5. For past participle agreement in reflexive verbs, see § 57. 6. § 76 (a).

8. *A Young Girl goes to Town*

(Perfect with *avoir* and *être*)

Yesterday evening I went[1] to town. Before doing my shopping, I went into the library and sat down to[2] look at some magazines. I stayed there a few minutes, then I got up and came out. In the big shop near the station I saw some pretty shoes.[3] I went in, tried the shoes on and bought[4] them. Then I went to the florist's and ordered some flowers. They were brought[5] to the house this morning. Finally I went to the fruiterer's and bought some apples and oranges. I brought[4] them back in my basket.

How heavy they are![6] As I was passing[7] the Post Office somebody called[4] me. I looked round: it was Roger!

1. For past participle agreement in this and other cases in the exercise, consult § 62. Do not forget that the speaker is feminine. 2. Preposition? § 80. 3. Article when adjective precedes noun? § 71 (b). 4. Be careful here, because there is a preceding direct object. 5. 'One brought them.' 6. Word order? § 108; *que*. 7. 'passing in front of the Post Office.'

9. *A Farmer*

(Imperfect)

Every morning he used to get up[1] at 6 o'clock. He used to put on his boots and go out into the yard, where he drew water and chopped wood. Then he would go[2] back into the house and drink his coffee. At half-past seven he used to go off to the fields, where he worked until midday. When he was coming home, he would sometimes go into the café, where he chatted with other farmers[3] and drank a little wine. After his meal he would rest for an hour, then he would go back to the fields. He used to finish his work at 7 o'clock in the summer, and at 5 o'clock in the winter.

1. For the uses of the imperfect tense consult § 69. 2. 'would (do)' meaning 'used to (do)' is rendered by the imperfect. 3. Article when adjective precedes noun? § 7 (b).

10. *The Old House*

(Imperfect)

Near our house a river flowed[1] between lovely meadows in which[2] there were always cows and sheep. On[3] the other side of the valley there were wooded hills. In winter, when it was misty or when it rained in torrents, these hills were invisible. Some distance[4] from our house there was a farm surrounded by orchards and near this farm was an old bridge. I loved our little house, especially when I went back to it for the Easter holidays. In the morning,[5] I used to go into the garden and listen to the thousand pleasant sounds that came up from the meadows, the orchards[6] and the farm.

1. In description in past time the imperfect tense is used. See § 69. 2. 'where.' 3. With *côté* (side) the preposition used is *de*. 4. 'At some distance from.' 5. 'in' is not translated. § 20 (d). 6. Preposition repeated before each noun: 'from the orchards and from the farm.'

11. *'If I were rich . . .'*

(Conditional)

'If I were[1] rich,' said John, 'I should have a large house in the country. My servants would do for me all the things which I don't like doing. I should have a big car, and a chauffeur dressed in a handsome uniform would drive it. I should often[2] go to[3] France and Switzerland and I should stay in the finest hotels. I should always be well dressed . . .'

'My boy,' interrupted his father, 'your uncle used to say he would do those things when he was[4] rich. He was always saying that when he had[4] earned a lot of money he would not work any more, but he is still working. Go and fetch my slippers.'

1. Consult § 74. 2. Adverb after verb. 3. Preposition? § 5. 4. Tense? § 73 (under 'Other examples').

12. *A Clerk goes Home*

(Past Historic)

After looking at[1] his watch, M. Sorel closed[2] his desk, got up from his chair, put on his overcoat and his hat, said good evening to the other clerks, opened the door and went out. He walked rapidly as far as the corner of the street, where he waited for the bus. When the bus arrived, M. Sorel got in, looked for a seat, found one,[3] sat down, opened his newspaper and began to read. The bus stopped twice. At the third stop, M. Sorel looked up, saw the lights of the station and hastened to get out. He went into the station, looked at the clock and began to run towards Platform Number 7.

1. 'After having looked at.' § 79. 2. The use of the past historic is dealt with in § 68. 3. One must say 'found one of them.'

13. *An Honest Woman*

(Past Historic and Past Anterior)

As soon as she had[1] finished her work, Mrs. Martin went up to her room, put on her best dress, looked at herself in the mirror, powdered her nose,[2] then came down. She went into the sitting-room to[3] write two letters. When she had[1] written these letters, she closed the doors and windows and went out. After posting[4] her letters, she went and sat[5] down in the park to[3] rest a little. Suddenly she noticed a handbag on the grass. She went and picked[5] it up. She did not open it, but looked at once for the park-keeper. When she had[1] found him, she gave him the bag, then she went home.

1. Tense? § 72. 2. Construction? § 4 (b). 3. Preposition? § 80. 4. 'After having posted.' § 79. 5. Construction? § 76 (a).

B

[The following exercises provide more general practice in composition. Some are narratives of the conversational type, calling for the use of the Perfect tense; the rest are formal narratives in which the happenings will be recorded in the Past Historic.

14. *They had Courage!*

(Perfect)

Last Saturday, Charles and I cycled to Cherton. We stopped at a place where the river flows near the road. I approached the bank and saw several trout in the water. We decided to go to the Hall to[1] ask permission to fish. We knocked at the door and a servant came and opened[2] it.

She looked[3] at us with astonishment. 'What do you want?' she said.[4] I explained to her why we had come and she told us to[5] wait. Soon she came back, holding a card in her hand. She said, 'Will[6] you write your names on this card?' Then she led[3] us into a sitting-room where there were six or seven ladies. When we entered they stopped talking and looked[3] at us curiously . . . I'll tell you the rest to-morrow.

1. Preposition? § 80. 2. Construction? § 76 (a). 3. Past participle agreement? 4. Inversion. § 66 (b). 5. § 99; *dire*. 6. *Vouloir*. § 85.

15. *A Young Man loses his Money*

(Past Historic)

The big man took out of[1] his pocket three cards and said to the two passengers sitting opposite him, 'Gentlemen, here are three cards. Look at them[2]: there is a queen and two others. I put them down on my newspaper, like that. Now here is a ten-franc note. You, sir, will[3] you place another note on mine[4] . . . Good! Now, if you guess[5] where the queen is you shall take both notes. . . . Ah! excellent, you have won ten francs! . . . Now, sir,' he said to the young man sitting in the other corner, 'this gentleman has just[6] won ten francs; will[3] you try? Nothing is simpler, you are sure to win. Good, you have your note; put it[2] here. . . . Ah! what a pity, you have lost!. . . No, no, don't be discouraged,[7] try again!'

1. § 101. 2. Position of pronoun? § 24. 3. *Vouloir*. § 85. 4. § 38. 5. Tense? § 74. 6. § 76 (b). 7. Imperative of reflexive verb. § 56.

16. *A Coin lost in the Snow*

(Past Historic)

'Suzanne,' said Mrs. Simon, 'here is a one-franc piece. Go to the grocer's and buy me[1] a pound of sugar.' Suzanne took the coin, put on her coat and went out. It was very cold and the ground was covered with snow. To[2] warm herself a little, Suzanne began to run. Suddenly she slipped and fell. She got up again, put her[3] hand in her pocket and found that the one-franc piece was no longer there! She bent down and tried to find it in the snow. She had been searching[4] for it for several minutes when a gentleman who was passing stopped and asked her what[5] she had lost. She told him she had lost a franc. 'Don't cry, my child,' said the gentleman, 'it isn't very serious; here is another one-franc piece.'

1. Position of pronoun? § 24. 2. Preposition? § 80. 3. § 4 (a). 4. Construction? § 67 (a). 5. § 30.

17. *A Cat kills a Rabbit*

(Perfect)

'Little[1] Peter looks very unhappy; what is the matter with him?'

'Oh, the poor child has lost one of his rabbits. Three weeks ago, we gave him two little rabbits; we bought[2] them at the market. My husband made a hutch which we put during the day on the garden lawn.[3] Sometimes Peter opened the hutch and the rabbits would come[4] out and eat the grass. This afternoon they were on the lawn and one of them went through the hedge. A cat which had been watching[5] them for several minutes, leapt on the poor creature and carried[2] it off. Sylvia called me[6] and I went out, but the cat had disappeared, the rabbit too. We shall buy another.'[7]

1. § 3. 2. Past participle agreement? § 62 (b). 3. 'the lawn of the garden.' 4. Tense? § 69; Note. 5. Construction? § 67 (a). 6. Important to remember that it is the mother who is speaking. 7. 'another of them.'

18. *A Strange Accident*

(Past Historic)

One day when[1] Pauline was walking along the street, she noticed that a man was following her. Evidently he was very poor, for his clothes were old and his face was thin and pale. Pauline wondered what[2] he wanted. She began to be afraid, so she stopped in front of a shop, hoping that this individual would go away. But instead of going away, he slowly[3] approached and just as he was passing behind her, he snatched her bag from her[4] and dashed across the street. He had reached the middle of the roadway when he was[5] knocked down by a motor-car which was travelling very fast. Pauline ran towards him. 'Poor man!' she thought,[6] 'and there wasn't a penny in my bag!'

1. § 20 (d). 2. § 30. 3. Adverb after verb. 4. § 97 (a). 5. *était* or *fut*? 6. Inversion. § 66 (b).

19. *Who had eaten the Apples?*

(Past Historic)

John and Philip were spending their holidays at their grandfather's house in the country. In the little garden behind the house there was an apple tree on which there were some fine apples.[1] Each day the boys looked at these apples with a growing desire to eat some. But the grandfather had counted[2] them and knew exactly the position of each one on the tree. One evening he called his grandsons, took them into the garden, and said, 'Where is the big apple which was at the end of that branch?' 'The birds have eaten[2] it,' said John. 'Oh, really!' said the old fellow, 'and the one[3] which was there, on that small branch?' 'The wasps must have[4] eaten that one,'[5] said Philip. 'Scamps!' said the old man, 'if you eat[6] any to-morrow, I'll send you back home!'

1. Article when adjective precedes noun? § 7 (b). 2. Past participle agreement? 3. § 32 (a). 4. § 88. 5. § 32 (c). 6. Tense? § 74.

20. *Her Sister's Fiancé*

'Ah, Claudette, how glad[1] I am to see you! Are you going home?'—'No, I've just[2] come out. My sister's fiancé is at the house.'—'What is his name?'—'His name's Robert.'—'What is he like? Is he handsome?'—'Yes and no. He is rather tall, but very slim. He is fair and he has grey eyes.[3] He squints a little and you never know whether he is looking at you or not. However, he is very nice. He comes to the house every Sunday. He comes into the sitting-room with Louise, sits down, crosses his legs[3] and smiles at everybody. Last week he gave me a bottle of scent which he had bought[4] in[5] Paris. Louise was very jealous, although he had[6] brought a big bottle for her too.'

1. Word order? § 108; *que*. 2. Construction? § 76 (b). 3. § 4 (a). 4. Past participle agreement? 5. Preposition? § 5. 6. Subjunctive after 'although.' § 91.

21. *An Unlucky Tourist*

(Past Historic)

With[1] his knapsack on his back and his stick in his hand, Rodolphe slowly[2] climbed the pathway. On[3] one side there were big rocks;[4] on[3] the other side a stream flowed in a narrow gorge. When he had[5] reached the top of the slope, he sat down to rest. Suddenly three men came out from behind a rock and seized him. 'We know[6] you,' said one of them; 'you are a friend of the Customs-men; we have seen you with them. We don't want you to[7] know where we are going, so we are going to tie you to a tree. When we come back[8] this evening, we will free you. And listen to this: if you give[9] us away, the next time we catch you, we will throw you into that gorge. Get up,[10] here's my bag of tobacco, carry it.'[11]

1. § 4 (d). 2. Adverb after verb. 3. *de* is the preposition used with *côté*. 4. Article when adjective precedes noun? § 7 (b). 5. Tense? § 72. 6. *savoir* or *connaître*? § 86. 7. Construction? § 92. 8. Tense? § 73. 9. Tense? § 74. 10. Imperative of reflexive verb. § 56. 11. Position of pronoun? § 24.

22. *The Incident of the Bat*

(Past Historic)

Aunt Sophie had come to spend a few weeks with us. At that time we lived in an old house a few miles[1] from Nantes.

In the summer the windows were always open. One evening, about nine o'clock, we decided to go for a little walk. My aunt went up to her room to put on her coat. We heard her go up[2] the stairs, open[2] the door, cross[2] the room; then suddenly we heard awful shrieks. We looked at one another for a moment,[3] then we ran up to[4] discover what[5] was happening. My poor aunt was trembling. 'I saw[6] a black object on my dressing-table,' she said. 'I was going to pick it up, when it flew away; it was a bat. Oh, how that frightened[7] me!'

1. 'at a few miles.' 2. Infinitive. 3. One just says 'a moment'; 'for' is not translated. 4. Preposition? § 80. 5. § 30. 6. Perfect tense, now that the person is speaking. 7. Past participle agreement?

23. *A Tired Father*

(Perfect)

This evening Father came home at a quarter past six. He looked tired. He sat down in his arm-chair and asked[1] me to go and buy[2] a newspaper. When I came back, he was eating his dinner. Mother was sitting opposite him. 'Well, dear,' she was saying,[3] 'you are going to take me to the cinema this evening, aren't you?'—'What!' said Father, 'I have just[4] come home and you want me to[5] go out! No, let me rest a little.'—'I am sorry you are[6] so tired,' said Mother, 'but don't forget that I have a lot to do before you go off[7] in the morning,[8] and that I work until you come back[7] in the evening.'[8] After looking[9] at her for a moment, Father said, 'Very well, let us go to the pictures.'

1. § 99; *demander*. 2. § 76 (a). 3. Inversion. § 66 (b). 4. § 76 (b). 5. Construction? § 92. 6. Subjunctive. § 92. 7. Subjunctive. § 91. 8. 'In' not translated. § 20 (d). 9. Construction? § 79.

24. *An Unpleasant Situation*

(Past Historic)

One winter's day,[1] when[2] the two boys were going through the woods, they came to a spot where several gipsy women were sitting round a fire. One of them, an old woman, looked round. 'Come here, boys,' she shouted,[3] 'you must be cold. Come and[4] warm yourselves; don't be afraid of us.' The boys went up to the fire to[5] warm their hands.[6] After chatting[7] with the gipsies for a few minutes, they got ready to go. 'You are warm now, aren't you?' said the old woman. 'Well, before going, you ought[8] to give us something. . . . What! you haven't any[9] money? Yes, you have![10] Give it to me[11] or I'll call our men. You won't give it[12] to me? . . . Tom! Tom!' But the two boys ran away before Tom appeared.[13]

1. 'One day of winter.' 2. § 20 (d). 3. Inversion. § 66 (b). 4. Construction? § 76 (a). 5. Preposition? § 80. 6. § 4 (b). 7. 'After having chatted.' § 79. 8. § 88. 9. 'Any' after negative? § 7 (a). 10. 'Yes, you have some.' 11. Position and order of pronouns? § 24. 12. § 23. 13. Subjunctive. § 91.

25. *A Good Hunter*

(Past Historic)

André opened the cupboard where his uncle kept the gun. 'Ah, here it is!' he said,[1] 'and it is loaded.' He went out, crossed the garden and went into a large field of turnips. All at once he saw a fine hare. Bang! The hare fell dead. 'A good shot,' said André to himself, 'but how that hurt my shoulder! Uncle[2] must put a lot of powder in his cartridges.' That evening he showed the hare to his uncle. 'What[3] did you kill it with?' the latter asked.[1] 'With your gun,' answered André. 'What!' exclaimed his uncle, 'with my gun! But the barrel contained a hundred sovereigns!' 'Well, let us open the hare,' said André. . . . And in the hare they found 99 gold coins!

1. Inversion. § 66 (b). 2. 'My uncle.' 3. 'With what . . .'

26. *Hot Weather*

(Perfect)

We reached Luçon at about three in[1] the afternoon. It was[2] very hot and we were thirsty. When we came out of the station we saw an hotel on[3] the other side of the street. We booked a room there. After drinking[4] a glass of lemonade, we began to look for Corand's house. I went up to a lady and asked her where Joumer Street was. 'Go to the end of this street,' she said,[5] 'and you will see Joumer Street on the right.' I thanked[6] her. When we reached Corand's house, he was waiting for us at the door; he had seen us coming.[7] 'How are you?' he said,[5] shaking me by the hand. 'Very well,' I answered,[5] 'but how hot it is![8] My friend is expecting to see camels!'

1. *de.* 2. Verb? 3. *de* is the preposition used with *côté.* 4. 'After having drunk.' § 79. 5. Inversion. § 66 (b). 6. Agreement of past participle? 7. Infinitive. 8. Word order? § 108; *que.*

27. *An Unhappy Boy*

(Past Historic)

Marcel stayed in the classroom until eleven o'clock, pretending to work, but he was waiting impatiently for recreation time. When eleven o'clock struck, he went out into the playground and followed several boys who were making for the gate. He succeeded in getting out without[1] the caretaker noticing him. Once in the street, he began to run. Soon he reached his aunt's house. He went in without knocking. 'Auntie,' he cried,[2] 'Mother is ill, isn't she? I must go and see[3] her. Why don't you want me to[4] see her? Tell me where she is!' His aunt dropped the basket she was holding and said, 'My child, you must go back to school at once. Your mother is[5] better. You shall see her on Sunday.'[6]

1. *sans que* + subjunctive. 2. Inversion. § 66 (b). 3. Construction? § 76 (a). 4. Subjunctive necessary. § 92. 5. Verb? 6. 'on' is not translated. § 20 (c).

28. *The Old Tree*

(Past Historic)

The servant asked him what[1] he wanted. Old Laforgue said he wanted to see the master. The servant told[2] him to wait. A minute later she came back and led Laforgue into the room where M. Laurent was working. 'Good morning, my friend,' said the latter. 'What brings you here so early? What can I do for you?' 'Well, sir,' answered the peasant, 'I was wondering what[1] you were going to do with[3] that old[4] tree which has just[5] fallen.' 'You want me to[6] sell it to you, I suppose?' asked M. Laurent. 'No, sir,' replied the peasant, 'I want you to[6] give it to me.'[7] M. Laurent got up from his chair. 'What!' he shouted,[8] 'you come to bother me for that! Go away!'[9]

1. § 30. 2. § 99; *dire*. 3. *de*. 4. Form of the adjective? § 14. 5. § 76 (b). 6. Subjunctive necessary. § 92. 7. Order of pronouns? § 23. 8. Inversion. § 66 (b). 9. § 56.

29. *An Old Sailor*

(Perfect)

A fortnight ago I went to[1] France to join a friend of mine[2] who was spending a few days in a village on the coast. One evening, when[3] we were sitting before a bright fire, my friend began to talk about[4] an old fisherman who lived quite close. 'This old fellow,' he said,[5] 'has been a[6] sailor and has seen nearly all the countries in[7] the world. He has been to[1] Australia, to[1] America, to[1] Africa, one might[8] say everywhere. Since he has often been on English boats, he speaks English, but sometimes it is[9] difficult to understand what[10] he means. I don't think his expressions are[11] always polite.' The next day we met the old fellow and he amused us by relating[12] to us a few episodes of his life.

1. Preposition? § 5. 2. 'one of my friends.' 3. § 20 (d). 4. *de*. 5. Inversion. § 66 (b). 6. Article not required. § 2. 7. 'of the world.' 8. § 87. 9. *c'est* or *il est*? § 34 (b). 10. § 30. 11. Mood? § 93. 12. § 63 (a).

30. *She missed the Train*

(Past Historic)

Most of the pupils went to sleep at once and soon in the dormitory all was quiet. Olive waited half an hour, then she got out of her bed, dressed quickly, drew out the suitcase which she had placed[1] under her bed, and made for the door. She went down the stairs, opened the big door, closed it again quietly and crossed the garden. Once in the street, she hurried towards the station. She did not know the exact time, since she had no watch, but she thought it was about a quarter to ten. The last train left at 10.5. At last, in the distance, she saw the lights of the station. But what was that noise? It was the train! She saw the smoke. She began to run, but before she reached[2] the station the train started.

1. Past participle agreement? 2. Subjunctive. § 91.

31. *War*

(Past Historic)

When he had[1] crossed the bridge, he took a road to the right and soon[2] reached a village. All was quiet, there was not a single light. Bartaud dismounted and knocked at a door. No answer. He knocked again. Then the door slowly opened[3] and an old woman's face appeared. 'Don't be afraid of me,' said Bartaud, 'I am French. Have the Germans been here to-day?' 'Oh yes,' answered the old woman, 'they passed[4] through the village this morning. Some[5] stayed several hours. An officer came to ask[6] if we had[7] any wine to sell. I told him we hadn't any. Then he called some soldiers and they went down into the cellar and took all our best wines. Oh, the war! Come in, my lad, but don't make any[8] noise; everybody is asleep.'

1. Tense? § 72. 2. Adverb after verb. 3. Reflexive. 4. Perfect tense in speech. 5. § 46. 6. § 76 (a). 7. Tense? § 74. 8. 'Any' after a negative? § 7.

32. *A Girl loses her Gloves*

(Perfect)

I have lost the new gloves my mother bought[1] me last week. Last night I went to see Marie who has been ill for[2] more than[3] a month. When I got off the bus I said to myself, 'Where are my gloves? I must have[4] put them in my bag.' I opened my bag, but they weren't there; I had left[1] them in the bus. This morning I went to the offices. When I told the clerk why I had come he said that the gloves had been found. He went to get them. When he came back he showed me a pair of old gloves. I told him that those[5] I had lost were new. I know what[6] happened; the person who had found mine[7] had kept them.[1]

1. Past participle agreement? 2. Construction? § 67. 3. How is 'more than' said in this case? § 108; *plus*. 4. § 88. 5. § 32 (b). 6. § 30. 7. § 38.

33. *Sinbad and the Beggar*

(Past Historic)

When Sinbad had[1] finished eating and drinking, he said to the beggar, 'I am glad to see you here. I hope you have dined well.[2] Now I should like to know what[3] you were saying to those people in front of my windows.' 'My lord,' the beggar replied,[4] 'I was cold and hungry; the words I said[5] were unwise. I beg you to pardon me.' After looking[6] at him for[7] a moment, Sinbad said, 'Fear nothing, my friend; I understand you and pity you.' Then, turning to his friends, he told them that he had not always been rich, and that he had obtained his wealth only after long years[8] of toil. 'I have exposed myself,' he said,[9] 'to many dangers on land and sea. One day I will relate to you some[10] of my adventures.'

1. Tense? § 72. 2. Put *bien* before the past participle. 3. § 30. 4. Inversion. § 66 (b). 5. Past participle agreement? 6. § 79. 7. One just says 'a moment'; 'for' is not translated. 8. Article when adjective precedes noun? § 7 (b). 9. Inversion. 10. § 46.

34. *A Departure*

(Past Historic)

That morning the postman brought a letter for Mrs. Manson. She opened it, read it and began to cry. 'What is the matter?' asked her husband. 'My brother Robert is going away to[1] America,' said Mrs. Manson, still[2] weeping. And little Jack[3] began to cry too, because he was very fond of his uncle Robert. The next day the uncle came to say good-bye. He stayed until evening. When, about seven o'clock, Mrs. Manson said to Jack, 'You must go to bed now,' he hid his face[4] in his hands and went out without saying anything. His uncle called him back. 'What!' he said,[5] 'you're[6] going to kiss me, aren't you? Don't be unhappy, my child. I shall come back one day, when I have[7] made my fortune. Here is a little present. Good-bye.'

1. Preposition? § 5. 2. Adverb after verb. 3. § 3. 4. Construction? § 4 (b). 5. Invert. 6. The uncle would say *tu* to his little nephew. 7. Tense? § 73.

35. *Friends meet*[1]

(Perfect)

PETER Oh, it's you, Maurice! How are[2] you? Are[2] your parents well? What a pity the holidays are[3] nearly over! What have you been doing?[4]

MAURICE Oh, I've had a good holiday.[5] At the end of July we went to[6] Scotland for[7] a few days. Then we came back home and made our preparations for going to[6] Switzerland. We left for Montreux on the 16th August.[8] Of course we first went to Paris, where we stayed two days. What a lovely city! But the weather was terribly hot and one was too tired to[9] walk about. We had a good time at Montreux. We came back a week ago. What time does this train leave?

PETER It leaves in[10] three minutes' time. Let us hurry.[11]

1. Reflexive. 2. Verb? 3. Mood. § 92. 4. 'What have you done?' 5. Article when adjective precedes noun? § 7 (b). 6. Preposition? § 5. 7. *pendant* or *pour*? § 112; *pendant*. 8. 'the 16th August'; 'on' is not translated. 9. Preposition? § 80. 10. Preposition? § 20 (d). 11. Imperative of reflexive verb. § 56.

36. *Robin and Little John*

(Past Historic)

One day, when[1] Robin was walking alone in the woods, he came to a river, over[2] which[3] there was a very narrow bridge. In the middle of the bridge stood a man. On hearing Robin's footsteps he turned round. He was tall, strong and handsome, but Robin did not hesitate an instant. 'There isn't enough room for two,' he said,[4] 'you must go back yonder, so that I may be able[5] to pass.' But the stranger calmly[6] replied, 'I shall stay here until it pleases[5] me to go away. Your face seems familiar to me; you very much resemble Robin Hood. . . . Ah, you wish to fight? Very well, let us fight,[7] I fear nobody.' Robin was in a temper and he advanced towards the stranger, holding in his hands his big stave.

1. § 20 (d). 2. *sur*. 3. Pronoun? § 28. 4. Invert. 5. Subjunctive. § 91. 6. Position of adverb? 7. § 56.

37. *Poachers*

(Past Historic)

The pupils had just[1] begun their work, when the door opened[2] and the Headmaster came in, followed by a short stout man dressed in an old brown suit. He was[3] the gamekeeper from a neighbouring estate. 'Excuse us,'[4] said the Headmaster to the teacher, 'but I want this gentleman to see[5] all the pupils in this class. Now look at them[4] well. Do you recognise those[6] you are looking for?' Charles and Claude dared not raise their heads.[7] 'Everybody must pay attention,' said the Headmaster sternly. The gamekeeper looked hard at Claude. 'It's that one,'[8] he said slowly, 'and the one who[8] is sitting next to him. I saw them last night. One of them had a gun and the other was carrying two pheasants. When they saw me they ran away.'

1. § 76 (b). 2. Reflexive. 3. *il était* or *c'était*? § 34. 4. Position of pronoun? 5. Subjunctive. § 92. 6. § 32 (b). 7. 'the head.' 8. § 32 (c).

38. *A Lonely Man*

(Perfect)

'I have been[1] here for seven years. I arrived on the twenty-first of March,[2] 195–. Since that time I have not once left the island. Although[3] I am lonely I am fairly happy. I have learnt the language of the natives and I find them kind and amusing. They love me because I know how to cure some[4] of their complaints. I formerly lived in London. There I was a well-known doctor, but something happened which . . . but don't let us talk of that. When I left England, I went first to[5] America, but I didn't stay there long; I wanted to lead a quieter life. That is why I came here. Although[3] I see few white people I am not unhappy, but I often[6] think of London and all my old friends.'

1. Tense? § 67. 2. Dates, § 20 (b). 3. § 91. 4. § 46. 5. Preposition? § 5. 6. Position of adverb?

39. *A Gentleman looks for his Spectacles*

(Past Historic)

Mr. Mortier wiped his mouth,[1] folded his serviette, got up, put on his overcoat and got ready to go. 'I think I have everything,' he said to himself. 'A handkerchief? . . . yes. My spectacles? . . . ah, but where are my spectacles?' He went up to the bedroom; his wife was still in bed. 'Have you seen my spectacles?' he asked. 'Quick, I am in a hurry!' 'There they are, on the mantelpiece,' said his wife, 'you put[2] them there last night.' Mr. Mortier went and picked[3] up the spectacles. 'No, no,' he said, 'these are yours;[4] where are mine?[4] What shall I do? I can't read without my spectacles.' Mrs. Mortier looked at her husband with astonishment. 'What!' she exclaimed, 'you are looking for your spectacles and you have them on your nose!'

1. § 4 (b). 2. Past participle agreement? 3. § 76 (a). 4. § 38.

40. *A Father punishes his Son*

(Past Historic)

When Paul went in the whole family was at table. His father looked at him sternly and asked him why he was late.[1] Paul said he had been playing[2] by the brook. 'And you've[3] got wet feet,[4] I suppose?' said his father. 'Come here and show me your shoes. Hurry up, show them to me![5] . . . Yes, as I thought . . . Take[6] that!' And he gave the boy a cuff, then another. Paul began to cry. 'Sit down,' said his father, 'and eat what's on your plate.' Then he got up and went out. When he had[7] gone, Mrs. Lamont said to Paul, 'I told you yesterday that your father would beat you if you came[8] home late. You ought[9] not to do these things.'

1. *tard* or *en retard*? § 109; *tard.* 2. 'he had played.' 3. The father would say *tu* to the boy. 4. § 4 (a). 5. Position of pronouns? § 24. 6. 'Take that!' = *Attrape!* 7. Tense? § 72. 8. Tense? § 74. 9. § 88.

41. *At the Hospital*

(Perfect)

Yes, Claudette is[1] better. I went to see her a few days ago. You know that one can't visit the patients every day; one can see them only on Wednesdays[2] or Sundays[2] between half-past two and five. I went to the hospital last Wednesday. I got there a little after three. A nurse took me into a huge room, in which[3] there were about thirty beds. There were already many relatives and friends sitting beside the beds, talking to the patients. When I arrived, there was nobody with Claudette. How pleased she was[4] to see me! She told me that a lot of people had been to see her. I asked her if the nurses were nice and she said that most of them were adorable. I came out of the hospital at a quarter past four.

1. Verb? 2. § 20 (c). 3. 'where.' 4. Word order? § 108; *que.*

42. *A Vagabond*

(Past Historic)

One summer night,[1] about eleven o'clock, the dog began to bark. He went on barking for ten minutes. Salvan said to his wife, 'I wonder why he is barking like that; there is surely somebody near the house or in the barn. Or it's a fox perhaps. I must go and see what is the matter.' He dressed[2] and went down. He quietly[3] opened the kitchen door, went out and walked across the farmyard. He could see very well, for the moon was shining in a clear sky. As he was approaching the barn a man came out of it.[4] On seeing Salvan, he stopped and said, 'Don't trouble yourself. I was going to sleep in your barn, only the dog heard me . . . Good night.'

1. 'One night of summer.' 2. Reflexive. 3. Position of adverb? 4. 'of it' = *en.*

43. *Arrested*

(Past Historic)

Barton had just[1] placed his suitcase on a chair when the door opened[2] and three men came in. One of them, a big man with a red face,[3] had a revolver in his hand. 'What do you want, gentlemen?' asked Barton in[4] a calm voice. 'You must come with us,' said the big man, 'we are police officers. Pick up your suitcase; hurry up.' But Barton did not move. 'You are mistaken,' he said slowly, 'I have done nothing to deserve this. Do you want to see my papers?' 'I want to see nothing,' answered the policeman. 'I want you to come[5] with us at once. We have been looking[6] for you for a long time. When we get[7] to the police-station, we will ask[8] you a few questions. Hurry up, we've no time to waste.'

1. § 76 (b). 2. Reflexive. 3. § 112; *à.* 4. *de.* 5. Subjunctive. § 92. 6. Tense § 67. 7. Tense? § 73. 8. Verb?

44. *Two Pen-knives*

THE MASTER Why were you quarrelling? You know that pupils must not fight in the playground.

MAUCLAIR Lambert has my pen-knife. He says it belongs to him.

THE MASTER Where is the pen-knife now? Show it to me![1]

LAMBERT Here it is, sir. I have had[2] it for three months. Mauclair's[3] is smaller.

MAUCLAIR No, sir, mine[4] is exactly like Lambert's.[3] This morning I left the pen-knife on my desk and Lambert picked it up.

THE MASTER You must have[5] bought the pen-knives at the same shop?

LAMBERT *and* MAUCLAIR (*together*). Yes, sir, we bought them at Woolworth's.

THE MASTER Search well in your pocket, Lambert; you will perhaps find two pen-knives there.

LAMBERT Oh! yes, sir, I have two;[6] here is yours,[7] Mauclair.

1. Place and order of pronouns? § 24. 2. Tense? § 67. 3. § 32 (a). 4. § 38. 5. § 88. 6. 'I have two of them.' 7. One schoolboy addresses another as *tu*.

45. *During the Holidays*

(Past Historic)

The next morning Maurice got up early and went out. He bought a newspaper and went and sat on a seat to[1] read it. The weather was splendid. The sun shone in a cloudless sky; birds sang in the trees and bushes. After reading[2] his newspaper for a quarter of an hour, Maurice got up and walked towards the square. At the corner of a street he met Lamont. 'Ah, I am pleased to see you,' said the latter. 'I am horribly bored. During the holidays there is nothing to[3] do and nobody to[3] see. Come to my house and we will find something to[3] do.' 'Oh no,' answered Maurice, 'I want to be outside in[4] this fine weather. Let us go for a good walk together.' 'Very well,' said Lamont, 'but don't let us go too far.'

1. Preposition? § 80. 2. Do you know how to say this now? 3. Preposition? § 77. 4. *par.*

46. *A Daughter returns Home*

(Past Historic)

When Martha came out of the station, there were a few people waiting near the exit, but nobody recognised her. She followed the main road for some distance, then she took the lane on the right which led to the farm. The fields were covered with snow and it was freezing. Although her case was[1] heavy, Martha walked rapidly, for she was[2] cold after her journey. At last she perceived a light in the distance. 'That is our house,' she said to herself; 'they are all sitting round that lamp.' Soon she reached the farm. Before going in she stopped a moment, wondering how she should announce her arrival. Then, without knocking, she quickly opened the door, saying, 'A happy New Year to all!'

1. Mood? § 91. 2. Verb?

47. *An Old Woman*

'I am[1] now ninety-four, sir, and I have been living[2] in this cottage for fifty years. I was born in the house opposite the inn. My father was the village postman. At that time there were no bicycles, and my father used to do his round on foot. He often came back very late, but of course he used to spend hours talking and drinking cider with the farmers. My husband died more than twenty years ago, and since his death I have lived alone. Although I am[3] old, I am in good health. My door is always locked. Two years ago—it was in winter—a man came and knocked at my door at midnight. I looked out of the window, and the man saw me and ran away.'

1. Verb? § 19. 2. Tense? § 67. 3. Mood? § 91.

48. *The Fisherman's Dog*

(Past Historic)

Jules was walking along the beach when he saw a group of people who were looking at something on the sand. When he approached he saw that it was a dog. 'He isn't moving,[1] I think he is dead,' an old woman was saying. 'No, he is still breathing,' said a fisherman. 'His master will come soon; his boat has just[2] come into the harbour. Yes, here he is.' Everybody looked round to see the master. He was[3] an old fisherman with a weatherbeaten face.[4] Obviously he was tired, for he was walking very slowly. When he saw his dog, he bent down and stroked him. The old dog opened his eyes,[5] wagged his tail two or three times, then he died.

1. When the idea of 'no longer' is present, one uses *ne . . . plus*. 2. § 76 (b). 3. *il était* or *c'était*? § 34 (a). 4. § 112; *à*. 5. § 4 (a).

49. *Ali-Baba and his Brother-in-law*

(Past Historic)

Ali went to Mustapha's house to borrow[1] a measure from him. 'Bring it back soon,' said Mustapha, 'because I shall need it.' When Ali had[2] measured all the gold coins and jewels which he had found[3] in the robbers' cave, he returned to Mustapha's house to give him back his measure. Mustapha took it, examined it carefully, then he said smiling, 'My dear Ali, you must be very rich, seeing that you have left a gold coin in the bottom of the measure. Tell me where you found all this money, so that I may get[4] some too. You know that treasures which are found[5] belong to the king. Although I am[4] a relative, I shall give you away if you refuse to tell me your secret.'

1. § 97 (a). 2. Tense. § 72. 3. Past participle agreement? 4. Subjunctive. § 91. 5. 'which one finds.'

50. *In the South of France*

(Perfect)

Several days before Christmas we went to the South of France. We stayed there for three weeks.[1] The weather was fine and during the day we rarely[2] wore our overcoats. We often[2] sat down in front of a café to watch the crowd go by. Each week we went to two or three dances. Everybody was very gay. I should like to go to the South of France every winter, but to do that one has to be very rich. How pleasant[3] it is to walk about in the sunshine in the middle of winter! In England it is foggy or it rains; the pavements are muddy, everything is dirty. However, after spending[4] holidays abroad, I am always pleased to come back to London.

1. 'three weeks'; 'for' is not translated. 2. Position of adverb? 3. Word order? § 108; *que*. 4. How is this said?

51. *At Four o'clock in the Morning*
(Past Historic)

One morning Mr. Charcot woke up early. 'What time is it?' he said to himself. 'Where is my watch? Oh! I have left[1] it in my waistcoat. I am still tired; I shan't get up yet.' Two or three minutes later the dining-room clock struck. 'What,. four o'clock! I wonder what[2] has woken me up! Ah! what is that noise?' He jumped out of bed and went to look out of the window. In front of the window he saw the end of a ladder, and below in the street there was a man. Obviously this man was about to[3] come up, for he was looking to left and right to make sure that nobody was watching him. 'Ah, a burglar!' thought Mr. Charcot. 'When he reaches[4] the top of the ladder, I'll give him a good punch.'

1. Past participle agreement? 2. § 30. 3. § 73; Note 2. 4. Tense? § 73.

52. *Sinbad finds his Goods again*
(Past Historic)

One day, when[1] Sinbad was walking along the quay, he saw a ship which had just[2] come into the harbour. The sailors were already busy unloading some large cases.[3] Sinbad went up to them and asked them where[4] the ship came from. 'Here is the captain,' said one of the sailors, 'he will tell you all[5] you want to know.' Sinbad immediately[6] recognised the captain. Then he looked at the cases again and saw that they were his.[7] 'Whose[8] cases are those?' he asked the captain. 'My friend,' answered the man, 'those cases belonged to a merchant named Sinbad, who was drowned several months ago. He disembarked on an island, which was in reality a whale's back. He lit a fire and the whale dived. You understand?'

1. § 20 (d). 2. § 76 (b). 3. Article when adjective precedes noun? § 7 (b). 4. 'from where came the ship.' 5. § 30. 6. Place of adverb? 7. § 38. 8. 'To whom are those cases?'

SECTION V

Free Composition

[Your Composition should run to about 150 words. Do not concern yourself unduly with numbers, but get an idea of how a piece containing approximately 150 words looks like in your handwriting, and work to somewhere about that length.

Always give a very plain account and express what you have to say in the most direct and simple way.]

1

Racontez ce que vous avez fait ce matin avant de venir en classe.

Use the Perfect tense.

se lever, *to get up*
la salle de bains, *bathroom*
se laver, *to wash*
se brosser les dents, *to brush one's teeth*
s'habiller, *to dress*
descendre, *to go down*
la salle à manger, *dining-room*
déjeuner, *to have breakfast*
dire bonjour, *to say good morning*
le lard, *bacon*
dire au revoir, *to say good-bye*
à pied, *on foot*
à bicyclette, *on a bicycle*
partir, *to set out*
quitter la maison, *to leave home*
rencontrer, *to meet*
causer, *to chat*
un ami, } *a friend*
un camarade, } *a friend*

2

Vous avez fait du camping avec des amis. Décrivez votre première nuit passée sous la tente.

Use the Perfect tense.

Plan

Petite description de l'endroit — l'arrivée (l'heure?) — on dresse la tente — on allume du feu — on mange (quoi?) — une petite promenade — on se couche (l'heure?) — les bruits qu'on entend — on s'endort — le réveil (l'heure?) — on se baigne — on s'habille — on déjeune.

au mois d'août, *in August*
camper, *to camp*
la prairie, *meadow*
au bord de, *on the bank of*
la rivière, *river*
faire cuire, *to cook*
le long de, *along*
la couverture, *blanket*
le hibou, *owl*
aboyer, *to bark*
se réveiller, *to wake up*
bien chaud, *nice and hot*

3

Vous avez chez vous des lapins. Un jour vous laissez le clapier (*hutch*) ouvert et un des lapins s'échappe. Racontez comment vous l'avez attrapé.

Use the Perfect tense.

Plan

Les lapins (combien?) — situation du clapier — on nettoie le clapier — on oublie de le fermer — un des lapins disparaît — vous le cherchez (où?) — vous l'apercevez dans le jardin d'un voisin — vous y allez — le lapin se sauve — vous allez chercher des feuilles de chou — le lapin s'approche — vous le prenez— retour chez vous.

aimer beaucoup, *to be fond of*
la pelouse, *lawn*
la plante, *plant*
la haie, *hedge*
traverser, *to go through*
s'approcher de, *to approach*
sautiller, *to hop*
saisir, *to grasp*
une oreille, *ear*
rapporter, *to bring back*

4

Vous allez à bicyclette chez le boulanger. En sortant de la boutique, vous oubliez votre bicyclette et rentrez à pied. Une heure après vous vous rappelez que vous l'avez laissée devant la boulangerie. Vous y courez: votre bicyclette y est toujours.

Relate this incident in the past, using the Perfect tense.

Plan

Votre mère vous prie d'aller chez le boulanger — situation de la boutique — vous y arrivez — où mettez-vous votre bicyclette? — vous achetez le pain, vous sortez — arrivée chez vous — une heure plus tard vous voulez sortir (pour aller où?) — pas de bicyclette! — vous la cherchez — vous vous rappelez où vous l'avez laissée — vous la retrouvez.

hier soir, *yesterday evening*
acheter, *to buy*
loin de, *a long way from*
le trottoir, *pavement*
le mur, *wall*
retourner, *to go back*
courir à toutes jambes, *to run as hard as one can*
content de (*voir*), *pleased to* (*see*)

5

Votre famille part en vacances. A la gare votre père découvre qu'il a oublié les billets de chemin de fer. Il retourne les chercher à la maison, et revient une minute seulement avant le départ du train.

Relate this incident in the past, using the Perfect tense.

Plan

Le jour du départ — vous quittez la maison (l'heure?) — arrivée à la gare — à quelle heure le train partait-il? — votre père cherche les billets, mais ne les trouve pas — que dit-il? et que fait-il? — l'attente — que dit votre mère? — votre père revient — vous passez sur le quai — vous montez dans le train.

le veston, *jacket*
le gilet, *waistcoat*
j'ai dû (laisser), *I must have* (*left*)
prendre un taxi, *to take a taxi*
l'horloge (f.), *big clock*
manquer, *to miss*
s'impatienter, *to get impatient*
le voilà! *there he is!*

6

Marie, qui regarde par la fenêtre, voit dans la rue plusieurs enfants qui encouragent des chiens à attaquer un chat. Marie sort, prend le chat et le porte dans la maison.

Describe this incident in the past, using the Past Historic tense.

Plan

Les enfants — comment étaient-ils? — les chiens — où était le chat? — Marie sort — elle prend le chat — que font les chiens? — que dit Marie aux enfants? — que fait-elle du chat?

méchant, *naughty*
vas-y! *go on!*
en danger de, *in danger of*
tuer, *to kill*
faire le gros dos, *to arch the back*
griffer, *to scratch*
reculer, *to retreat*
la cruauté, *cruelty*
avoir honte de, *to be ashamed of*
caresser, *to stroke*

7

Vos grands-parents vous ont envoyé 20 francs pour votre anniversaire (*birthday*). Écrivez-leur une lettre pour les remercier du cadeau et pour leur dire à quoi vous avez dépensé les 20 francs.

aimable, gentil, *nice*
reconnaissant (de), *grateful for*
le magasin, *shop*
avoir besoin de, *to need*
en ville, *in town*
Votre petit-fils (petite-fille) vous envoie de gros baisers, *Your loving grandson* (*granddaughter*)

8

Les classes sont finies. Jean et Pierre cherchent les livres dont ils auront besoin pour faire leurs devoirs. Jean, en jouant, jette un gros livre à la tête de Pierre, manque son but et brise une vitre (*window-pane*). Arrive le concierge, qui conduit Jean au bureau du directeur. Le soir, à la maison, Jean raconte à sa mère ce qui s'est passé.

Use the Perfect tense.

en retard, *late*
obligé de, *obliged to*
se conduire mal, *to misbehave*
une semonce, *a 'talking-to'*
un pensum, *imposition*
payer (quelque chose), *to pay for* (*anything*)
stupide, *stupid*, *silly*

9

En vous promenant à la campagne, vous trouvez un jeune merle (*blackbird*) qui ne peut pas voler. Vous l'emportez chez vous. Vous le gardez quelques jours, puis vous le remettez en liberté.

Relate this incident in the past, using the Perfect tense.

Plan

La promenade (le jour? le lieu?) — vous trouvez le merle (où?) — où le mettez-vous? — vous rentrez chez vous — que disent vos parents en voyant le merle? — la cage — l'oiseau mange et boit — il devient plus gros — ses habitudes — vous le remettez en liberté (où? quand?) — que fait le merle?

se promener, *to go for a walk*
un sac, *a bag*
la plume, *feather*
jaser, *to twitter*
le ver, *worm*
prendre un bain, *to have a bath*
s'envoler, *to fly away*
se percher, *to perch*

10

Vous voulez acheter un cadeau d'anniversaire pour votre père. Vous trouvez difficile de choisir un cadeau. Vous finissez par lui acheter une pipe.

Describe just what you did. Use the Perfect tense.

Plan

L'anniversaire de votre père (quel jour?) — combien d'argent aviez-vous? — vous allez en ville (quand?) — quels articles peut-on acheter? (une cravate? des gants? des pantoufles?) — vous regardez la vitrine (*window*) de plusieurs magasins — vous arrivez devant le bureau de tabac — une pipe! — vous entrez — vous choisissez une pipe.

économiser, *to save*
dépenser, *to spend*
se demander, *to wonder*
le magasin de confections *outfitter's*
le magasin de chaussures, *shoe-shop*
la pantoufle, *slipper*
le prix, *price*
le marchand, *shopkeeper*

11

Deux enfants, qui cherchent des nids d'oiseaux, pénètrent dans un bois. Arrive le garde-chasse (*gamekeeper*), qui les conduit devant son maître.

Relate the incident in the past, using the Past Historic tense.

Plan

Les enfants se promènent (où?) — ils cherchent des nids (pourquoi?) — le bois — ils y entrent — qu'y trouvent-ils? — ils aperçoivent le garde-chasse — ils essaient de se cacher — le chien les trouve — que leur dit l'homme? — il les conduit au château — le maître (comment était-il?) — que leur dit-il?

au printemps, *in spring*
collectionner, *to collect*
le buisson, *bush*
non loin de, *not far from*
s'approcher de, *to approach*
le gibier, *game*
effrayer, *to frighten*
la prochaine fois, *the next time*

12

Pendant vos vacances au bord de la mer, vous avez fait la connaissance d'un(e) jeune Français(e). Dans une lettre, vous lui parlez de votre retour chez vous et des jours heureux que vous avez passés ensemble au bord de la mer.

Use the Perfect tense in letters.

être de retour, *to be back*
penser à, *to think of*
sans cesse, *all the time*
la plage, *beach*
se souvenir de, *to remember*
charmant, *delightful*
revoir, *to see again*
l'année prochaine, *next year*
avoir de vos nouvelles, *to have news of you*
Bien cordialement à vous—Paul, *yours sincerely—Paul*
Bien affectueusement à vous—Marie, *yours affectionately, Mary*

13

Au milieu de la nuit, votre mère entend du bruit. Elle réveille votre père, qui descend voir ce qu'il y a. Dans la cuisine il trouve un chat. Une poursuite épouvantable a lieu. Enfin le chat réussit à sortir.

Your father relates the incident next morning at breakfast (Perfect tense).

bouger, *to move*
faire tomber, *to knock down*
la robe de chambre, *dressing-gown*
l'escalier, *stairs*
allumer la lumière, *to put on the light*
être en colère, *to be angry*
frapper, *to strike*
grimper, *to climb*
s'échapper, *to escape*
se recoucher, *to go to bed again*

14

Racontez comment Ali-Baba s'empara (*got possession*) du trésor des quarante voleurs.

Use the Past Historic tense.

Plan

Ali s'en va avec son âne (où? pourquoi faire?) — il aperçoit les voleurs — il se cache (où?) — les voleurs descendent de cheval — le chef se place devant le rocher — «Sésame, ouvre-toi» — les voleurs entrent — Ali attend — les voleurs s'en vont — Ali entre dans la caverne — le trésor — que fait Ali?

le marchand de bois, *wood merchant*
couper, *to cut*
attacher, *to tie*
grimper dans, *to climb up*
caché, *hidden*
armé, *armed*
le rocher s'ouvre (se ferme), *the rock opens (closes).*
l'or (m.), *gold*
l'argent (m.), *silver*
le bijou, *jewel*
étinceler, *to glitter*
le panier, *basket*

15

Vous revenez d'une promenade. Un joli petit chien vous suit jusqu'à la maison. Il ne veut pas s'en aller. Vous finissez par le reconduire chez son maître.

You relate this incident to a friend. (Use the Perfect tense.)

N.B.—One always says *tu* to an animal.

Plan

Vous vous promenez (où? quand?) — le chien vous suit — vous arrivez chez vous — le chien entre dans la maison — que disent vos parents? — vous examinez le collier du chien — l'adresse du maître — vous y allez — explications.

chasser, *to drive away*
caresser, *to stroke*
va-t'en! *go away!*
ramener, *to bring back*
aimable, gentil — *nice*
remercier, *to thank*
déranger, *to trouble*

16

Vous êtes en vacances au bord de la mer. Un jour, que vous vous promenez sur la plage, vous assistez à un sauvetage. Bientôt après vous rencontrez un ami, et vous lui racontez ce qui s'est passé.

Use the Perfect tense.

Plan

Un baigneur sauvé (par qui? où?) — l'endroit — grosse mer — vagues très hautes — peu de baigneurs — une personne qui se baigne crie et agite les bras — le sauveur (comment était-il?) — le baigneur ramené au rivage.

le rocher, *rock*
en danger de, *in danger of*
se noyer, *to drown*
s'élancer, *to rush*
plonger, *to plunge, dive*
épuisé, *exhausted*
coucher, *to lay down*
ranimer, *to bring round*
sauver la vie à quelqu'on, *to save somebody's life*

17

Jacques et plusieurs amis se promènent à la campagne. Ils arrivent au bord d'un étang (*pool*). Parmi les branches d'un arbre tombé ils aperçoivent le nid d'une poule d'eau (*moorhen*). En essayant d'avoir les œufs, Jacques tombe à l'eau. Avant de retourner chez lui, il fait sécher ses vêtements dans une chaumière voisine.

Relate the story in the past, using the Past Historic tense.

la prairie, *meadow*
collectionner, *to collect*
avancer, *to advance*
avec précaution, *cautiously*
au secours! *help!*
mouillé jusqu'aux os, *drenched to the skin*
la boue, *mud*
éclater de rire, *to burst out laughing*
ôter, *to take off*
prendre froid, *to catch cold*

18

Vous et votre mère avez été en ville. Vous revenez chez vous. En ouvrant la porte, vous trouvez la maison pleine de fumée. Vous courez dans le jardin chercher votre pére. Il entre dans la maison et découvre qu'il a laissé tomber un bout de cigarette sur un tas (*heap*) de vieux journaux.

You relate this incident to a friend. Use the Perfect tense.

un incendie, *fire*
la clef, *key*
la porte d'entrée, *front door*
au feu! *fire!*
qu'y a-t-il? *what is the matter?*
courageux, *brave*
négligent, *careless*
emporter, *to carry away*
se fâcher, *to be* (*or to get*) *annoyed*

19

Plusieurs garçons (ou jeunes filles) font du camping. Ils (elles) sont très ennuyé(e)s parce que chaque fois qu'ils (qu'elles) vont se promener, une personne ou une bête vient voler leurs provisions. Un jour ils (elles) se cachent et attendent le voleur. Ils (elles) découvrent que c'est une chienne (*bitch*) qui a des petits.

Relate the story in the past. Use the Past Historic tense.

un endroit, *place, spot*
tranquille, *quiet*
une boîte, *box*
les aliments (m.), *foodstuffs*
emporter, *to carry off*
le buisson, *bush*
apercevoir, *to perceive*
s'approcher de, *to approach*
flairer, *to scent, smell out*
crier, *to shout*
se sauver, *to run away*

20

Au cours d'un «cross-country», un garçon tombe et se casse la jambe. On va chercher une auto, on transporte le blessé à l'hôpital. Les parents, prévenus (*informed*) par téléphone, se rendent en hâte à l'hôpital. L'enfant leur raconte ce qui lui est arrivé.

Use the Perfect tense.

traverser, *to cross*
sauter, *to jump*
par-dessus, *over*
la haie, *hedge*
le fossé, *ditch*
se faire mal, *to hurt oneself*
se relever, *to get up again*
appeler, *to call*
coucher, *to lay down*
soulever, *to lift up*
la douleur, *pain*
le médecin, *doctor*
mettre les éclisses, *to put on the splints*

21

Vous passez les vacances chez des amis. Vous avez dépensé tout votre argent de poche. Vous écrivez à vos parents. Dans votre lettre, vous leur expliquez pourquoi il ne vous reste plus d'argent et pourquoi vous en désirez encore.

Use the Perfect tense.

22

Un perroquet, échappé de sa cage, s'en va vivre aux bois. Il décrit aux autres oiseaux sa vie passée. Pour montrer son talent, il parle comme un homme. Effrayés par sa voix, tous les oiseaux le quittent et il reste seul. Il s'ennuie et finit par retourner à sa cage.

Use the Past Historic tense.

23

Avec un(e) ami(e), vous faites une excursion en montagne. Il commence à neiger. Vous vous égarez (*lose your way*). Enfin vous trouvez une maison, où vous vous reposez. Quand la neige cesse de tomber, vous repartez.

Tell the story and imagine a suitable conclusion. Use the Perfect tense.

24

Marie (ou Roger) vient d'arriver en ville. Elle (il) s'aperçoit qu'elle (qu'il) a laissé un de ses gants dans l'autobus. Elle (il) s'adresse à un inspecteur, qui lui dit d'attendre l'autobus à son retour dans une demi-heure.

Tell the story and add a suitable ending. Use the Past Historic tense.

25

Vous allez voir un(e) ami(e). Il (elle) vous montre l'autographe d'une vedette de cinéma (*film star*). Il (elle) vous raconte comment il (elle) a fait pour l'avoir.

Imagine the story that the autograph-hunter told. Use the Perfect tense.

26

Le fils d'un fermier, dégoûté de sa vie, s'en va travailler à la ville. Il n'aime pas son nouvel emploi, il n'a pas d'amis, et bientôt il s'ennuie.

Relate his experiences in the town and his return home. Use the Past Historic tense.

27

Sur la place du marché. Un canard, échappé d'un panier, se met à traverser la chaussée (*roadway*). Arrêt complet de la circulation. Un agent de police s'empare du canard et le rend au marchand.

A person who witnessed this incident describes it to a friend. Use the Perfect tense.

28

Une inondation (*flood*). Des gens trouvent, en se réveillant, que leur maison est tout entourée d'eau.

Relate (Past Historic) how these people procured food and how they spent the day.

SECTION VI

Grammar

THE ARTICLE

1. Un, une, des

La porte d'un hôtel (d'une maison).
The door of an hotel (of a house).

J'écris à un parent (à une dame, à des amis).
I am writing to a relative (to a lady, to some friends).

Le fils d'un ouvrier. *A workman's son.*

2. Omission of the Article

In stating a person's occupation or nationality:

Il est dentiste. Elle est Anglaise.

One may also say:

C'est un dentiste. C'est une Anglaise.

3. Le, la, les

L'ordre **du** maître. Les livres **des** enfants.
Je parle **au** père. Je parle **aux** parents.

Examples to note:

Les chats aiment le poisson. *Cats like fish.*
Il connaît bien le français. *He knows French well.*
(*but* Ils parlaient français. *They were speaking French.*)
le pauvre Jean, *poor John*; la petite Marie, *little Mary.*
le docteur Thomas, *Dr. Thomas.*
le capitaine Hugo, *Captain Hugo.*
2 francs le kilo, 2 *francs a kilo.*

4. Names of Parts of the Body

Study these typical examples:

(*a*) Movement of a part of one's person, article alone required:

Elle ouvre les yeux. *She opens her eyes.*
Je lève la main. *I raise my hand.*

Also in description of people's characteristics:

Elle a les yeux bleus. *She has blue eyes.*

(*b*) Action done to a part of one's own person:

Je me lave les mains. *I wash my hands.*

(*c*) Action done to another person: dative pronoun introduced to show the possessor:

Je lui saisis le bras. *I grasped his arm.*

(*d*) 'With' is not translated in descriptive phrases of this type:

Il se tenait à la porte, les mains dans les poches.
He was standing at the door with his hands in his pockets.

5. Geographical Names

No article with the names of towns:

A Paris, *to* (*at*, *in*) *Paris*; de Madrid, *from* (*of*) *Madrid.*

To or **in** with names of countries is *en*:

Nous allons en France. *We are going to France.*
Ils sont en Angleterre. *They are in England.*

From with names of countries is *de*:

Il est revenu d'Amérique (d'Espagne).
He has returned from America (*from Spain*).

Of with names of countries:

Le Midi (le nord) de la France,
the south (*the north*) *of France;*
but le roi d'Angleterre (de France),
the King of England (*of France*).

Note: Il apprend le français (*the language: small letter*).
Je connais des Français (*noun: capital letter*).
Un journal français (*adjective: small letter*).

6. The Partitive Article

du beurre, **de la** viande, **de l'eau**, **des** œufs.
Nous mangeons du poisson et des légumes.
We eat (some) fish and (some) vegetables.

The partitive translates **any** in questions:

Avez-vous de l'argent? *Have you any money?*

7. *De* alone is used:

(*a*) After a negative:

Je bois du vin *but* Je ne bois pas de vin.
Il a des amis *but* Il n'a plus d'amis.

Note also:

J'ai une plume. Je n'ai pas de plume.

(*b*) When, in the plural, an adjective precedes the noun:

des maisons	de grandes maisons
des amis	de bons amis
des pays	d'autres pays

8. *De* after Words of Quantity

beaucoup de, *much*, *many*	autant de, *as much*, *as many*
assez de, *enough*	plus de, *more*
tant de, *so much*, *so many*	moins de, *less*, *fewer*

Examples: beaucoup de vin, tant de maisons

Plusieurs (*several*) does not require *de*:

plusieurs enfants, plusieurs fois

Note, however, the use of **la plupart** (*most*):

La plupart des hommes sont honnêtes. *Most men are honest.*
La plupart des élèves sont sages.
Most of the pupils are well-behaved.

9. Common Expressions which do not contain the Article

avoir besoin (de), *to need*	avoir peur, *to be afraid*
avoir chaud, *to be warm*	avoir raison, *to be right*
avoir envie (de), *to want* (*to*)	avoir soif, *to be thirsty*
avoir faim, *to be hungry*	avoir soin (de), *to take care* (*of*)
avoir froid, *to be cold*	avoir tort, *to be wrong*
avoir lieu, *to take place*	

NOUNS

10. Plural Forms

Types to note:

-eau, -eaux	le tableau, les tableaux
-eu, -eux	le jeu, les jeux
-al, -aux	l'animal, les animaux
-ou, -ous	le trou, les trous

Note: Several common nouns in **-ou** form their plural in **-oux:**

le bijou	*jewel*	les bijoux	le chou	*cabbage*	les choux
le caillou	*pebble*	les cailloux	le genou	*knee*	les genoux

Miscellaneous

l'œil (*eye*),	les yeux	la pomme de terre (*potato*), les pommes de terre
madame,	mesdames	
monsieur,	messieurs	le timbre-poste (*postage-stamp*), les timbres-poste

11. Feminine Forms

Types

le marchand	la marchande	le Parisien	la Parisienne
le fermier	la fermière	le paysan	la paysanne

Miscellaneous

le maître	la maîtresse	le roi	la reine
le veuf	la veuve	le neveu	la nièce
le mari	la femme	le grand-père	la grand'mère

Common nouns which have the same form for both genders:

le (la) concierge, *caretaker*	un (une) élève, *pupil*
le (la) domestique, *servant*	un (une) enfant, *child*

12. The Gender of Nouns

Some effort of memory is saved if one takes note of certain characteristic masculine and feminine endings:

Masculine:

-ier	**-eau**
-ment	**-age**

Exceptions: la page, la cage, la plage (*beach*), une image (*picture*), une eau, la peau (*skin*).

Feminine:

-ade	**-ille**
-ance	**-ine**
-ence	**-ion**
-ière	**-té, -tié**

Exceptions: le silence, le million, le camior, un été, le côté.

ADJECTIVES

13. Plurals to Note

un homme loyal	des hommes loyaux
un livre nouveau	des livres nouveaux
un costume bleu	des costumes bleus

14. Feminine Forms

Types

actif	*active*	active	ancien	*ancient*	ancienne
fier	*proud*	fière	cruel	*cruel*	cruelle
pareil	*like*	pareille	heureux	*happy*	heureuse

Miscellaneous

bas	*low*	basse	long	*long*	longue
bon	*good*	bonne	sec	*dry*	sèche
gras	*fat*	grasse	blanc	*white*	blanche
gros	*big*	grosse	frais	*fresh*	fraîche
épais	*thick*	épaisse	doux	*sweet*	douce
gentil	*nice*	gentille	favori	*favourite*	favorite

(*a*) **Beau, nouveau, vieux**

Remember the forms **bel, nouvel, vieil** required before a masculine noun beginning with a vowel or *h* mute. The plural is normal:

un bel homme	de beaux hommes
un nouvel ami	de nouveaux amis
un vieil arbre	de vieux arbres

15. Position of Adjectives

Place these adjectives before the noun:

beau, *beautiful*	gros, *big*	mauvais, *bad*
bon, *good*	jeune, *young*	meilleur, *better*, *best*
gentil, *nice*	joli, *pretty*	petit, *small*
grand, *great*	long, *long*	vieux, *old*

Place other adjectives after the noun.

Examples:

une vieille ville française, *an old French town*
un tapis vert, *a green carpet*

Note: **Propre** before the noun means *own:*
ses propres mots, *his own words*

Propre after the noun means *clean:*
des gants propres, *clean gloves*

16. Comparison of Adjectives

beau	plus beau	le plus beau
beaux	plus beaux	les plus beaux
belle	plus belle	la plus belle
bon	meilleur	le meilleur

Note: Do not confuse **meilleur** (= *better*, adjective) and **mieux** (= *better*, adverb):

C'est un meilleur élève. *He is a better pupil.*
Vous parlez mieux que lui. *You speak better than he.*

Examples:

Elle est **plus** jolie **que** sa sœur. *She is prettier than her sister.*
Elle est **aussi** jolie **que** sa sœur. *She is as pretty as her sister.*
Elle n'est **pas si** jolie **que** sa sœur.
She is not so pretty as her sister.
Elle est **moins** jolie **que** sa sœur.
She is less pretty than her sister.
Vous devenez **de plus en plus** paresseux.
You are becoming lazier and lazier.

Sa plus belle robe. *Her most beautiful dress.*
Mes livres les plus intéressants. *My most interesting books.*
C'est le plus grand magasin **de** la ville.
It is the largest shop in the town.

C'est **très** amusant. *It is very amusing.*
Cette histoire est **fort** intéressante. *This story is very interesting.*
C'est **bien** difficile. *It is very difficult.*

NUMERALS, DATES, ETC.

17. Numbers

21	vingt et un	80	quatre-vingts
22	vingt-deux	81	quatre-vingt-un
23	vingt-trois	90	quatre-vingt-dix
31	trente et un	91	quatre-vingt-onze
36	trente-six	100	cent
41	quarante et un	101	cent un
51	cinquante et un	300	trois cents
61	soixante et un	320	trois cent vingt
71	soixante et onze	1.000	mille
72	soixante-douze	5.000	cinq mille
			(*five miles:* cinq milles)

une douzaine d'œufs, *a dozen eggs*
une quinzaine de jours, *a fortnight*
une vingtaine de personnes, *about twenty people*
une centaine de visiteurs, *about a hundred visitors*
des centaines de . . ., *hundreds of . . .*

(*a*) Ordinals

premier } première }	cinquième
	sixième
second(e) } deuxième }	septième
	huitième
troisième	neuvième
quatrième	dixième etc.

18. (*a*) Dimensions

Cet objet a 3 mètres de haut (de long, de large).
This object is 3 metres high (long, wide).

(*b*) Distance

Ce village se trouve à 15 kilomètres de Lille.
This village is 15 kilometres from Lille.

19. Age

Quel âge a votre frère?—Il a quinze ans.
Mon frère est âgé de quinze ans.

20. Dates, Days, etc.

1962 { mil neuf cent soixante-deux
dix-neuf cent soixante-deux }

l'an dernier, l'année dernière, *last year*
l'an prochain, l'année prochaine, *next year*

(*a*) **Seasons.** Remember that one says *en été*, *en automne*, *en hiver*, but *au printemps*.

(*b*) **Months**

janvier	mai	septembre
février	juin	octobre
mars	juillet	novembre
avril	août	décembre

In June: au mois de juin *or* en juin.
Le premier septembre; le deux septembre; le trente octobre.
Il arrivera le 12 avril. *He will arrive on April* 12.

(*c*) **Days of the Week**

Dimanche, lundi, mardi, mercredi, jeudi, vendredi, samedi.
Venez me voir lundi. *Come and see me on Monday.*
Nous y allons **le** lundi. *We go there on Mondays.*
Jeudi dernier, *last Thursday;* samedi prochain, *next Saturday.*
C'est (*or* Nous sommes) aujourd'hui mardi.
It is Tuesday to-day.

(*d*) **Further Examples**

Le matin je travaille, l'après-midi je me repose.
In the morning I work, in the afternoon I rest.
Il y a un mois, *a month ago.*
Touts les jours, *every day.*
Le jour où . . ., *the day on which* (*when*) . . .
but Un jour (matin, soir) que . . ., *one day* (*morning, evening*) *when* (*as*) . . .
Il partira **dans** trois jours. *He will start in three days' time.*
but On traverse l'Atlantique **en** quatre jours et demi.
They cross the Atlantic in four and a half days.

21. Time of Day

Il est midi (minuit) et demi. *It is half-past twelve.*
Il est six heures et demie (6.30).
Il est trois heures et quart (3.15).
Il est sept heures moins un (*or* le) quart (6.45).
Il est neuf heures vingt (9.20).
Il est onze heures moins dix (10.50).
A sept heures du matin (du soir).
At 7 o'clock in the morning (*in the evening*).
A sept heures environ *or* vers sept heures.
At about seven o'clock.
Le train de 8 h.5. *The* 8.5 *train.*
Une demi-heure, *half an hour*;
but une heure et demie, *an hour and a half.*
Un quart d'heure. *A quarter of an hour.*

Note: A half of is **la moitié de.**
Il lui donna la moitié de son argent.

PRONOUNS

22. Personal Pronouns

Direct Object	*Indirect Object*
Il **me** regarde.	Il **me** parle.
Il **te** regarde.	Il **te** parle.
Il **le** (**la**) regarde.	Il **lui** parle.
Il **nous** regarde.	Il **nous** parle.
Il **vous** regarde.	Il **vous** parle.
Il **les** regarde.	Il **leur** parle.

En

Avez-vous des frères?—Oui, j'en ai trois.
Voyez-vous des poissons?—Oui, j'en vois beaucoup.
Il sort de la maison. Il en sort (*he comes out of it*).

Y

Il y va souvent. *He often goes there.*

23. Order of Pronoun Objects

When two pronoun objects precede the verb, they must be placed in the correct order. All cases are provided for in this table:

me				
te	**le**	**lui**		
se	**la**	**leur**	**y**	**en**
nous	**les**			
vous				

Examples:

Je le lui envoie. *I send it to him.*
Elle me l'a donné. *She has given it to me.*
Il ne les y trouvera pas. *He will not find them there.*
Il y en a. *There are some.*

24. Pronoun Objects with the Imperative

With the **affirmative**, pronouns **follow** the verb, and in the order usual in English. With the **negative** the pronouns **precede**, the order being that of the normal sentence (see § 23 above).

Examples:

{ Regardez-les. *Look at them.*
{ Ne les regardez pas. *Do not look at them.*

{ Prêtez-le-lui. *Lend it to him.*
{ Ne le lui prêtez pas. *Do not lend it to him.*

{ Donnez-les-moi. *Give them to me.*
{ Ne me les donnez pas. *Do not give them to me.*

{ Allez-y. *Go there.*
{ N'y allez pas. *Do not go there.*

25. Disjunctive (or Strong) Pronouns

moi	**nous**
toi	**vous**
{ **lui**	{ **eux**
{ **elle**	{ **elles**

Note 1: They combine with **même** to form **moi-même** (*myself*), **lui-même, nous-mêmes**, etc.

Note 2: There is also a pronoun **soi** which means *oneself:*

On travaille pour soi. Chacun pour soi.

26. Uses of the Disjunctive Pronouns

(*a*) With Prepositions

avec moi, *with me*; sans lui, *without him*;
chez eux, *at their house.*

(*b*) For emphasis

Moi, je n'ai rien dit. **I** *said nothing.*
Vous, vous parlez bien. **You** *speak well.*

(*c*) Other Examples

Qui va le porter?—Moi.
Je suis plus grand que lui.
Mon frère et moi (nous) sommes partis à 6 heures.
C'est moi (toi, lui, elle, nous, vous).
But one says: Ce sont eux (elles).
L'un d'eux commença à parler. *One of them began to speak.*

27. Relative Pronouns

Qui (*subject*), **que** (*object*)

La dame qui chante.	La dame que vous voyez.
Le feu qui brûle.	Le vin que vous buvez.

Dont (*whose, of whom, of which*)

La personne (la chose) dont je parle.

Note the word order:

C'est un jeune homme dont je connais les parents.
J'aperçus une maison dont la porte était ouverte.

28. Lequel, laquelle, etc.

Remember the contracted forms:

auquel	**auxquels**	**duquel**	**desquels**
	auxquelles		**desquelles**

Le stylo avec lequel j'écris.
La table sur laquelle je travaille.
Un lac au milieu duquel il y avait une île.

29. *Qui* with Prepositions

To express *to whom, with whom*, etc., one uses **qui:**

L'homme à qui je parlais.
Avec qui jouez-vous?
A qui est ce livre? *To whom does this book belong?*

30. Ce qui, ce que (*that which = what*)

Allez voir ce qui se passe. *Go and see what is going on.*
J'ai entendu ce qu'il disait. *I heard what he was saying.*

Tout ce qui, tout ce que are important expressions:

Tout ce qui est sur la table. *All that is on the table.*
Tout ce que j'ai dit . . . *All (that) I have said . . .*

Demonstrative Adjective and Pronouns

31. Adjective

ce livre	**cette** boîte	**ces** livres
cet arbre		**ces** arbres
		ces boîtes

ce soir, *this evening*
ce soir-là, *that evening*; ce jour-là, (*on*) *that day*

32. Pronouns

celui	**celle**
ceux	**celles**

Uses:

(*a*) Mon chapeau est noir; celui de Jean est gris (*John's is grey*).
Mes roses sont moins belles que celles de mon voisin (*than my neighbour's*).

(*b*) Celui qui est venu hier. *He (the one) who came yesterday.*
Quelle dame?—Celle que nous avons rencontrée ce matin. *The one (she) whom we met this morning.*
Quelles fleurs?—Celles qui sont dans ce vase.
The ones (those) which are in that vase.

Note this example:

Tous ceux qui étaient présents. *All (those) who were present.*

(*c*) **Celui-ci** (*this one*), **celui-là** (*that one*), etc.
Voici deux robes. Celle-ci est à 150 francs, celle-là à 175.
Quels jolis souliers! J'aime beaucoup ceux-ci.—Moi' je préfère ceux-là.

Note also **celui-ci (celle-ci)** used in the sense of *the latter*:

«Qui êtes-vous?» demanda celui-ci.
'*Who are you?*' *asked the latter.*

33. Ceci (*this*), **cela** (*that*)

Voulez-vous signer ceci? *Will you sign this?*
Qui a dit cela? *Who said that?*

34. Types of sentences in which **ce** occurs

(*a*) **Definitions**

C'est un brave homme. *He is a good fellow.*
Ce sont des Anglais. *They are English people.*

(*b*) **Il est difficile (possible,** etc.) and **c'est difficile (possible,** etc.)

When the adjective is followed by a phrase (*It is difficult to . . ., It is possible that . . .*), one must begin the sentence with **Il est . . .**

By itself, however, the phrase *It is possible* (*difficult*, etc.) is **C'est possible (difficile,** etc.):

Il est difficile de faire ces choses.—Oui, c'est difficile.
Il est évident qu'il ne le fera pas.—Oui, c'est évident.

Interrogative Adjective and Pronouns

35. Adjective

Quel(s) Quelle(s)
Quel est le numéro de leur maison?
Quelle heure est-il?
Quel joli enfant! *What a pretty child!*

36. Pronouns

(*a*) Who? (*subject*)
Qui le dit? **Qui est-ce qui** le dit?

Whom? (*object*)
Qui regardez-vous? **Qui est-ce que** vous regardez?

What? (*subject*)
Qu'est-ce qui vous surprend? *What surprises you?*

What? (*object*)
Que faites-vous? **Qu'est-ce que** vous faites?

(*b*) With prepositions *what* is **quoi.**

Avec quoi jouez-vous?
De quoi parlez-vous?

Possessive Adjective and Pronoun

37. Adjective

Remember that *mon*, *ton*, *son* are used before a feminine noun beginning with a vowel sound:

mon amie, ton histoire, son armée.

Son, sa, agree with the noun, not the possessor:

Il écrit à sons fils (*his son*). Elle écrit à son fils (*her son*).
Il est dans sa chambre (*his room*).
Elle est dans sa chambre (*her room*).

Note: Un de mes amis. *A friend of mine.*
Oui, mon oncle (ma tante). *Yes, uncle* (*auntie*).

38. Pronoun

Singular		*Plural*	
le mien	la mienne	les miens	les miennes
le tien	la tienne	les tiens	les tiennes
le sien	la sienne	les siens	les siennes
le (la) nôtre		les nôtres	
le (la) vôtre		les vôtres	
le (la) leur		les leurs	

Le sien, la sienne (*like* son, sa) agree with the noun, not the possessor:

Il aime mieux notre maison que la sienne.
He likes our house better than his (*own*).

Indefinite Adjectives and Pronouns

39. Personne

Personne n'est venu. *Nobody has come.*

Je n'ai vu personne. { *I have seen nobody.* / *I have not seen anybody.* }

Je ne le dirai à personne. *I shall not tell anybody.*
Qui veut y aller? Personne (*nobody*).

40 Rien

Rien ne paraît plus simple. *Nothing looks simpler.*

Il n'a rien fait. { *He has done nothing.* / *He has not done anything.* }

Qu'a-t-il dit?—Rien (*nothing*).
Sans rien dire. *Without saying anything.*

41. Aucun + ne (*none, not one, not any*)

On ne voyait aucune maison. *One could not see a single house.*
Sans aucun doute. *Without any doubt.*

Note also: Pas un n'échappa. *Not one escaped.*

42. Chaque, *each*

chaque personne chaque jour

Chacun(**e**), *each* (*one*) is the pronoun:

Chacun de ces ouvriers. *Each of these workmen.*
Chacune de ces maisons. *Each of these houses.*
Chacun paiera son billet. *Each* (*one*) *will pay for his ticket.*

43. Tout

Tout le monde est parti. *Everybody has gone.*
Tous (les) deux, toutes (les) deux. *Both.*
Ils refusent tous. *They all refuse.*
Tous les jours (mois, ans). *Every day* (*month, year*).

44. Tel (*such*)

Un tel homme. *Such a man.*
but Un si bel homme. *Such a handsome man.*
De telles histoires. *Such stories.*

45. Autre

Où sont les autres? *Where are the rest?*
Mettez ces gants, j'en ai d'autres (*I have others*).

46. Quelque (*some*), **quelques** (*some, a few*)

Quelque temps. *Some time.*
Quelque chose de bon. *Something good.*
Quelques mots. *A few words.*

Quelqu'un, *somebody, someone*
Il y a quelqu'un dans ma chambre.

Quelques-un(**e**)**s,** *some, a few,* used apart from the noun:
Quelques-unes des maisons sont très grandes.

47. Même, *same*

La même chose. Les mêmes personnes.

Même, as an adverb, means *even*:

Personne ne le savait, pas même (*not even*) ses parents.

VERBS

48. Ordinary Meanings of the Simple Tenses

Present:	j'écris	*I write, I am writing*
Imperfect:	j'écrivais	*I was writing, I used to write*
Past Historic:	j'écrivis	*I wrote*
Future:	j'écrirai	*I shall write*
Conditional:	j'écrirais	*I should write*

49. Negation and Questions

Il ne comprend pas. Ne comprend-il pas?

In the 1st person singular, a question is usually formed with *est-ce que*:

Est-ce que je donne (connais, reçois, *etc.*)?

One may say however *ai-je? suis-je? sais-je? dois-je?*
Remember the *t* in *donne-t-il? y a-t-il?*

50. Compound tenses with *avoir*

j'ai pris, *I have taken*
je n'ai pas pris, *I have not taken*
ai-je pris? *have I taken?*
n'ai-je pas pris? *have I not taken?*

j'avais pris, *I had taken*
j'aurai pris, *I shall have taken*
j'aurais pris, *I should have taken*

51. Verbs conjugated with *être*

aller, *to go*
arriver, *to arrive*
descendre, *to descend*
entrer, *to enter*

rentrer { *to re-enter* / *to go home* }
monter, *to go up*
mourir, *to die*
naître, *to be born*

partir, *to depart*
rester, *to remain*
retourner, *to return*
sortir, *to go (come) out*
tomber, *to fall*
venir, *to come*
devenir, *to become*
revenir, *to come back*

Examples of tenses:

nous sommes arrivé(e)s	*we have arrived*
nous étions arrivé(e)s	*we had arrived*
nous serons arrivé(e)s	*we shall have arrived*
nous serions arrivé(e)s	*we should have arrived*

Remember, too, that Reflexive verbs are always conjugated with *être*.

52. Preliminary Notes to Verb Tables

Endings common to all Verbs:

Future	*Imperfect and Conditional*
-ai	-ais
-as	-ais
-a	-ait
-ons	-ions
-ez	-iez
-ont	-aient

The Past Historic is one of three types:*

-ai	-is	-us
-as	-is	-us
-a	-it	-ut
-âmes	-îmes	-ûmes
-âtes	-îtes	-ûtes
-èrent	-irent	-urent

* Je vins (*venir*) and Je tins (*tenir*) are the only exceptions to this generalisation.

53. Verb Tables (*see next page*)

Infinitive	Participles	Present Indicative	Imperfect Past Hist.	Future Condition
avoir, être				
avoir, *to have*	ayant eu	ai, as, a, avons, avez, ont	avais eus	aurai aurais
être, *to be*	étant été	suis, es, est, sommes, êtes, sont	étais fus	serai serais
donner, finir, vendre				
donner, *to give*	donnant donné	donne, -es, -e donnons, -ez, -ent	donnais donnai	donnera donnera
finir, *to finish*	finissant fini	finis, -is, -it, finissons, -ez, -ent	finissais finis	finirai finirais
vendre, *to sell*	vendant vendu	vends, vends, vend, vendons, -ez, -ent	vendais vendis	vendrai vendrais
Smaller Groups				
servir, *to serve*	servant servi	sers, -s, -t, servons, -ez, -ent	servais servis	servirai servirais
ouvrir, *to open*	ouvrant ouvert	ouvre, -es, -e ouvrons, -ez, -ent	ouvrais ouvris	ouvrirai ouvrirai
conduire, *to lead, drive*	conduisant conduit	conduis, -s, -t, conduisons, -ez, -ent	conduisais conduisis	conduira conduira
craindre, *to fear*	craignant craint	crains, -s, -t, craignons, -ez, -ent	craignais craignis	craindra craindra
recevoir, *to receive*	recevant reçu	reçois, -s, -t, recevons, -ez, reçoivent	recevais reçus	recevrai recevrai
Common Irregular Verbs				
aller, *to go*	allant allé	vais, vas, va, allons, allez, vont	allais allai	irai irais
asseoir (Refl. s'asseoir, *to sit down*)	asseyant assis	assieds, -s, assied, asseyons, -ez, -ent	asseyais assis	assiérai assiérais

Il me semble que . . . *It seems to me that . . .*
Il reste. *There remains.*
Il me reste 10 francs. *I have 10 francs left.*

65. Points concerning the Agreement of the Verb with the Subject

C'est moi qui l'ai fait. *It was I who did it.*
Mon ami et moi, nous allons au cinéma.
Est-ce vous qui avez écrit cela? *Was it you who wrote that?*

66. Inversion of Subject and Verb

(*a*) Remember the form of the question when the subject is a noun:

Votre ami est-il parti? *Has your friend gone?*

(*b*) Remember the inversion when translating all such expressions as *he said, she answered,* introduced in the course of quotation:

«Comment!» dit-il. *'What!' he said.*
«Sortez!» répéta-t-elle. *'Get out!' she repeated.*

NOTES ON THE USE OF TENSES

67. Present

Note this important construction:

Depuis quand êtes-vous ici? } *How long have*
Depuis combien de temps êtes-vous ici? } *you been here?*
Je suis ici depuis un mois. *I have been here for a month.*

(*a*) A similar construction is used with the Imperfect:

Depuis quand (*or* Depuis combien de temps) travaillait-il dans la ferme? *How long had he been working on the farm?*
Il y travaillait depuis deux ans.
He had been working there for two years.

68. The Past Historic

When one is translating an English narrative, the Past Historic will translate the English simple Past (*he went, he saw,* etc.), excepting:

(*a*) when the English simple Past is employed in description (*e.g. My room overlooked the garden*), or (*b*) when it has the underlying idea of *used to* (*e.g. he saw her every day*, meaning *he used to see her every day*).

In these cases the English simple Past is translated by the French Imperfect.

69. The Uses of the Imperfect

(*a*) It translates the English forms *was* (*doing*), *used to* (*do*).

(*b*) As we see immediately above (§ 68), it translates the English simple Past used in description or with the underlying meaning of *used to*.

Examples:

Que faisaient-ils?—Ils jouaient.
What were they doing?—They were playing.
J'allais souvent chez eux.
I often used to go (*I often went*) *to their house.*
Il se levait tous les matins à 6 heures.
He got up (= *used to get up*) *every morning at six o'clock.*
Leur maison se trouvait près de la gare.
Their house was situated near the station. (description)

Note: Sometimes *would* (*do*) is used in the sense of *used to* (*do*); in such cases it is translated by the Imperfect:

Après son repas, il fumait un cigare.
After his meal he would smoke a cigar.

70. A simple narrative illustrating the use of the **Past Historic** and **Imperfect:**

Un peu après sept heures M. Thomas quitta sa maison et se dirigea vers la gare. En route il s'arrêta à un kiosque pour acheter *Le Figaro*, le journal qu'il lisait tous les jours en allant à son travail.

Arrivé à la gare, il trouva que le train qu'il prenait d'ordinaire était déjà parti, donc il alla s'asseoir sur un banc pour attendre le train suivant. Enfin le train entra en gare, et M. Thomas monta dans un compartiment vide. Bientôt on roulait à travers la campagne. Il faisait un temps splendide; les pommiers étaient en fleurs, les agneaux couraient dans les prairies.

A huit heures vingt on arriva à Paris. M. Thomas descendit du train, sortit de la gare et se dirigea vers son bureau.

71. The Perfect (or Past Indefinite)

Elle a chanté. Nous sommes partis. Ils se sont baignés.

The French do not use the Past Historic tense in conversation or in personal accounts of recent happenings: they use the Perfect. One says: J'ai vu André ce matin (hier, la semaine dernière), *not* Je vis André ce matin (hier, la semaine dernière).

Make a habit then of using the Perfect when giving an account, spoken or written, of anything that happened to-day, yesterday, last week, or even last year. One would write:

> L'année dernière, nous avons passé nos vacances en Bretagne.
>
> J'ai vu mon oncle il y a deux mois.

72. The Past Anterior

There are two ways of saying *I had* (*done*): J'avais (fait), and J'eus (fait). The latter form (Past Anterior) is used when we are speaking of one action occurring immediately before another (*When I had done this I did that*).

> Quand il eut fini son travail, il sortit.
> *When he had finished his work, he went out.*
>
> Dès que ses amis furent partis, il se coucha.
> *As soon as his friends had gone, he went to bed.*

73. The Future

The Future must be used when future time is meant:

> Quand j'arriverai chez moi, je lui écrirai.
> *When I get home, I will write to him.*
>
> Dès qu'il reviendra, je pourrai sortir.
> *As soon as he comes back, I shall be able to go out.*

Other Examples

> Vous aurez votre argent quand vous **aurez fini** votre travail (*when you have finished*).
>
> Il promit de venir quand il **serait** libre (*when he was free*).
>
> Il promit de venir quand il **aurait fini** son travail (*when he had finished*).

Note 1: When *will*, *would*, express determination, use **vouloir.**

> Il ne veut pas s'en aller. *He will not go away.*
> Elle ne voulait pas sortir. *She would not come out.*

Note 2: *To be about to* (*do*) may be rendered by **aller** or **être sur le point de**:

> Nous allions nous coucher. *We were about to go to bed.*
> J'étais sur le point de m'en aller. *I was about to go away.*

74. Si (= if)

With **si** one uses the same tense as with *if* in English:

S'il vient, nous jouerons au tennis (*if he comes*).
S'il venait, nous jouerions au tennis (*if he came*).
S'il était venu, nous aurions joué au tennis (*if he had come*).

The Infinitive

75. Some verbs take no preposition before an infinitive, some take **à** and some take **de.**

Examples:

Je veux rester. *I wish to remain.*
Il me dit d'attendre. *He told me to wait.*
Il m'aida à porter le sac. *He helped me to carry the bag.*

The following is a reference list of common verbs showing which preposition, if any, is required before the Infinitive:

accuser de, *accuse*
aider à, *help*
aimer, *love*
aimer mieux, *prefer*
aller, *go*
s'amuser à, *amuse oneself*
apprendre à, *learn*
s'arrêter de, *stop*
s'attendre à, *expect*
avoir à, *have*
avoir peur de, *be afraid*
cesser de, *cease*
chercher à, *strive*
commander de, *command*
commencer à, *begin*
compter, *count, expect*
conseiller de, *advise*
consentir à, *consent*
se contenter de, *be content*
courir, *run*
craindre de, *fear*
croire, *think, believe*
décider de, *decide*
se décider à, *make up one's mind*
défendre de, *forbid*
demander de, *ask*
se dépêcher de, *hurry*
descendre, *descend*
désirer, *desire, want*
devoir, *have to*
dire de, *tell*
empêcher de, *prevent*
s'empresser de, *hasten*
écouter, *listen*
encourager à, *encourage*
entendre, *hear*
entrer, *enter*
envoyer, *send*
espérer, *hope*
essayer de, *try*
s'étonner de, *be astonished*
s'excuser de, *apologise*
faire, *make*
il faut, *it is necessary*
finir de, *finish*
se hâter de, *hasten*
hésiter à, *hesitate*
inviter à, *invite*
laisser, *let, allow*
manquer de, *fail*
menacer de, *threaten*
mériter de, *deserve*
se mettre à, *begin*
monter, *go* (*come*) *up*

offrir de, *offer*
ordonner de, *order*
oser, *dare*
oublier de, *forget*
paraître, *appear*
pardonner de, *forgive*
parler de, *speak, talk*
permettre de, *permit*
persuader de, *persuade*
pouvoir, *be able*
préférer, *prefer*
se préparer à, *prepare*
prier de, *beg, ask*
promettre de, *promise*
proposer de, *propose*
se rappeler, *remember*
refuser de, *refuse*
regarder, *watch*
regretter de, *regret*
remercier de, *thank*
retourner, *return*
réussir à, *succeed*
savoir, *know (how)*
sembler, *seem*
sentir, *feel*
songer à, *think*
tâcher de, *try*
tarder à, *be long (doing)*
tenter de, *attempt*
passer son temps à, *spend one's time*
perdre son temps à, *waste one's time*
il vaut mieux, *it is better*
venir, *come*
voir, *see*
vouloir, *wish, want*

76. Special Points

(*a*) The second verb of English expressions such as *come and see, go and close, run and get*, is translated by an infinitive:

Allez fermer la porte. *Go and close the door.*
Venez voir cette bête. *Come and see this creature.*

(*b*) Note these common forms:

Je viens de le voir. *I have just seen him.*
Je venais de le voir. *I had just seen him.*

77. The Infinitive following certain Adjectives

prêt à (faire), *ready to (do)*. Je suis prêt à vous suivre.
le premier (dernier) à (faire), *the first (last) to (do)*:
Il fut le premier (le dernier) à sortir.

NOTE ALSO:

J'ai beaucoup (peu, rien) à faire.
I have much (little, nothing) to do.

78. Expressions followed by *de* + infinitive

Il est difficile (facile, possible, impossible) de . . .
Il est nécessaire de . . .
Je suis content de . . . *I am pleased (glad) to . . .*
Je suis obligé de . . . *I am obliged to . . .*

Other Prepositions with the Infinitive

79. Après

After (*doing*) must always be translated as *after having* (*done*).
Après avoir lu . . . *After reading* (= *having read*) . . .

80. Pour with the infinitive means *in order to*:

Il s'arrêta pour allumer sa pipe.
He stopped to (*in order to*) *light his pipe.*

Pour is always used with an infinitive after **trop** (*too*) and **assez** (*enough*):

Je suis trop fatigué pour travailler. *I am too tired to work.*
Il n'est pas assez riche pour faire ces choses.
He is not rich enough to do those things.

81. Par (*by*) is used only after **commencer** and **finir**:

Il commença par me flatter. *He began by flattering me.*
Ils finirent par consentir. { *They finished by consenting.* / *In the end they consented.* }

82. Sans (*without*):

Sans penser, *without thinking.*
Sans rien dire, *without saying anything.*

Avant de (*before*):

J'ai beaucoup à faire avant de sortir.
I have a lot to do before going out (*before I go out*).

83. Use of *faire* with the Infinitive

Cela le fit trembler. *That made him tremble.*
Vous me faites sourire. *You make me smile.*

When the infinitive dependent on **faire** has a direct object, the person is made dative:

Je **lui** fis ouvrir la valise. *I made him open the suit-case.*

Note: Make + adjective is expressed by **rendre** (= *render*):
Ma présence le rend malheureux. *My presence makes him unhappy.*

84. *To have a thing done* is expressed in French as *to make to do a thing*, *i.e.* by **faire** + infinitive:

Il a fait construire une belle maison.
He has had a fine house built.

85. Vouloir

Je ne veux pas le faire. *I do not wish to (I will not) do it.*
Je ne voulais pas le faire.
I did not wish to (I would not) do it.
Je voudrais savoir. { *I should like to know.* / *I wish I knew.* }
J'aurais voulu le voir. { *I should like to have seen him.* / *I should have liked to see him.* }
Voulez-vous fermer la porte? *Will you close the door?*

Vouloir dire = *to mean*:
Que veut dire ce mot?

86. Savoir and **pouvoir**

Savoir translates *can* in the sense of *to know how*:

Il sait nager (jouer du piano, conduire une automobile, etc.).

When *can* implies that circumstances permit, use **pouvoir**:
Sait-il jouer?—Oui, mais il ne peut pas jouer ce matin.

Note: Connaître = *to know* in the sense of *to be acquainted with*:
Je connais ses parents (cette ville, ce livre).

87. Meanings of *pouvoir*

Je ne puis sortir. / Je ne peux pas sortir. } *I cannot come out.*
Puis-je entrer? *May I come in?*
Vous pouvez entrer. *You may (can) come in.*

Could meaning *was able* is translated by the Imperfect:

Il ne pouvait pas quitter son bureau.
He could not leave his office.

Could or *might*, meaning *would be able*, is translated by the Conditional:

Il a dit qu'il pourrait venir demain.
He said he could (might) come to-morrow.

Could have, *might have*, are rendered by **j'aurais pu (faire)**:
Il aurait pu venir plus tôt. *He might (could) have come earlier.*

88. Devoir

Je dois (faire). *I must (do).*

J'ai dû (faire) { *I have had to (do).* / *I must have (done).* }

Je devais (faire) { *I had to (do).* / *I was to (do).* }

Je dus (faire). *I had to (do).*
Je devrai (faire). *I shall have to (do).*
Je devrais (faire). *I ought to (do).*
J'aurais dû (faire). *I ought to have (done).*

89. Falloir

Il faut (**il fallait,** etc.) may be followed by an infinitive, or by **que** + subjunctive:

Il me faut acheter des souliers. *I must buy some shoes.*
or Il faut que j'achète des souliers.

Il lui fallait vendre la ferme. *He had to sell the farm.*
or Il fallait qu'il vendît la ferme.

The Subjunctive

90. (*a*) **Form of the Present Subjunctive**

The stem is provided by the third person plural of the Present Indicative:

finir	ils finissent	je finisse
servir	ils servent	je serve
vendre	ils vendent	je vende

Note: This is a useful guide, but it does not cover all instances. It is as well to learn the Present Subjunctive of common verbs from the Verb Tables (see § 53).

The endings are:

-e	je finisse	je serve
-es	tu finisses	tu serves
-e	il finisse	il serve
-ions	nous finissions	nous servions
-iez	vous finissiez	vous serviez
-ent	ils finissent	ils servent

(*b*) The Imperfect Subjunctive is always one of three types, according as the Past Historic is in **-ai, -is** or **-us.** [Only exceptions: je vinsse (venir), je tinsse (tenir).]

je donnai	vendis	reçus
—	—	—
je donnasse	vendisse	reçusse
tu donnasses	vendisses	reçusses
il donnât	vendît	reçût
nous donnassions	vendissions	reçussions
vous donnassiez	vendissiez	reçussiez
ils donnassent	vendissent	reçussent

(*c*) The Perfect and Pluperfect are formed by putting the auxiliary into the Subjunctive form:

J'ai vu.	Bien que j'aie vu . . .
Elle est partie.	Avant qu'elle soit partie . . .
Elle était partie.	Quoiqu'elle fût partie . . .

Where the Subjunctive occurs

91. Always after these conjunctions:

bien que / **quoique**	*although*	**avant que,** *before*
pour que / **afin que**	*in order that, so that*	**jusqu'à ce que,** *until*
		sans que, *without*

Examples:

Bien qu'il soit (fût) riche. *Although he is (was) rich.*
Avant qu'il revienne. *Before he returns.*
Sans qu'il vous voie. *Without his seeing you.*

A moins que (*unless*) requires **ne** before the verb:
A moins qu'il ne le sache déjà. *Unless he already knows it.*

92. In clauses dependent on the following:

vouloir que, *to wish that*	**être content que,** *to be glad that*
désirer que, *to desire that*	**être fâché que,** *to be sorry that*
regretter que, *to regret that*	**c'est dommage que,** *it is a pity that*

avoir peur que, *to be afraid that,* also requires **ne** before the Subjunctive verb.

Examples:

Il veut que vous attendiez. *He wants you to wait.*
Nous regrettons que votre mère soit malade.
We are sorry that your mother is ill.
J'ai peur que nous n'arrivions trop tard.
I am afraid we may (or shall) arrive too late.

93. After the expressions:

Il est possible (impossible) que . . .
It is possible (impossible) that . . .
Il faut que . . . *It is necessary that . . .*
Je ne crois (pense) pas que . . . *I do not think that . . .*
Croyez-vous (pensez-vous) que . . . *Do you think that . . .*

But no subjunctive after **Je crois (pense) que . . .**

Examples:

Il est possible qu'il revienne ce soir.
It is possible that he may (will) return this evening.
Je ne crois (pense) pas qu'il soit revenu.
I don't think he has come back.

94. The Tense to use

After conjunctions there is no difficulty:

Although he is . . .	Bien qu'il soit . . .
Although he was . . .	Bien qu'il fût . . .

For less obvious cases, a good enough rule is this: use the Present Subjunctive after a principal verb in the Present, and the Imperfect Subjunctive after a principal verb in the Past:

Je veux qu'il m'écrive. *I want him to write to me.*
Je voulais qu'il m'écrivît. *I wanted him to write to me.*
Il faut qu'il parte.
Il fallait (fallut) qu'il partît.

Government of Verbs

95. Do not put prepositions after these verbs, in imitation of English:

attendre, *to wait for, to await*	J'attends mes parents.
chercher, *to look for, to seek*	Je cherche mon parapluie.
écouter, *to listen to*	Nous écoutions l'orchestre.
envoyer chercher, *to send for*	Elle envoya chercher la bonne.
habiter, *to live in, to inhabit*	Il habite un petit village.
payer, *to pay for*	J'ai déjà payé les billets (*tickets*).
regarder, *to look at*	Il regarda sa montre.

96. Remember to use *to* with the person when dealing with:

donner, *to give*	montrer, *to show*
dire, *to tell*	prêter, *to lend*
envoyer, *to send*	promettre, *to promise*
offrir, *to offer*	

Examples:

Je lui donnai de l'argent. *I gave him some money.*
Il leur montra une boîte. *He showed them a box.*

Note: Use **on** when translating expressions such as *We were shown (given, promised) photographs*:

On nous a montré (donné, promis) des photographies.

97. The following require **à** with the person:

demander, *to ask*	Je demandai le prix au marchand.
pardonner, *to forgive*	Il lui pardonna sa faute.
plaire, *to please*	Cela ne lui plaît pas.

Also these verbs, all of which express some idea of *getting from*:

acheter, *to buy*	Je lui achète mon journal.
cacher, *to hide*	Il leur cacha son secret.
emprunter, *to borrow*	Je lui empruntai cent francs.
prendre, *to take*	Ils lui prirent son argent.
voler, *to steal*	On lui vola sa montre.

98. These verbs require **à** before their object, whether a person or a thing:

penser, *to think*	Je pense aux vacances.
obéir, *to obey*	Il faut obéir à ses parents.
désobéir, *to disobey*	Il a désobéi aux ordres.
réfléchir, *to reflect*	Je réfléchissais à ma situation.
répondre, *to answer*	Répondez à ma question.
ressembler, *to resemble*	Il ressemble à son frère.

99. Construction taken by certain common verbs with an Object and an Infinitive:

apprendre, *to teach*	Je leur apprends à nager.
conseiller, *to advise*	Je lui conseillai de rester.
défendre, *to forbid*	Il leur défendit de parler.
demander, *to ask*	Je lui demandai de me prêter sa bicyclette.

dire, *to tell* Il leur dit de sortir.
ordonner, *to order* Je lui ordonnai de s'en aller.
permettre, *to permit* Il leur permettait de jouer.

empêcher, *to prevent* Il les empêcha d'entrer.
prier, *to beg*, *to ask* Ils le prièrent d'entrer.

100. Verbs followed by **de:**

s'apercevoir de, *to notice*
s'approcher de, *to approach*
se moquer de, *to make fun of*
se servir de, *to use*
se souvenir de, *to remember*
remercier de, *to thank for*
rire de, *to laugh at*

Examples:

Je me souviens de mon grand-père. Je me souviens de lui.
Je me souviens de cet incident. Je m'en souviens.
C'est un jour dont je me souviens.

101. Other Useful Examples

Elle entra dans la maison. *She entered the house.*
Entrer en courant, *to run in.* Sortir en courant, *to run out.*
Il prit dans sa poche une vieille pipe.
He took an old pipe out of his pocket.
Il est parti pour l'Amérique. *He has left for America.*
Il se dirigea vers la maison.
He went towards (*made for*) *the house.*
Elle se tourna vers moi. *She turned to me.*
Je passe devant leur maison. *I pass their house.*
J'ai assisté à un banquet. *I attended* (*was present at*) *a banquet.*
Nous jouons au tennis (au football).
We play tennis (*football*).

ADVERBS

102. Affirmation, negation

Si = *yes*, in answer to a negative question:
Vous ne partez pas? — Si, je pars.

pas de pain, *no bread*
pas du tout, *not at all*
pas encore, *not yet*

Mon frère ne jouera pas non plus.
My brother will not play either.
Ni moi non plus. *Nor I* or *Neither shall I.*

103. Negation with the Verb

[For examples of the use of *ne . . . personne, ne . . . rien, ne . . . aucun*, see §§ 39–41.]

ne . . . pas, *not*

ne . . . point, *not, not at all*
Elle n'est point jolie.

ne . . . plus, *no more, no longer*
Il n'y travaille plus.

Note: **Plus** without **ne** sometimes has a negative sense:
Plus de bonbons, mon enfant! *No more sweets, my child!*

ne . . . que, *only, nothing but*

Je n'ai qu'une chose à vous dire.

ne . . . guère, *hardly, scarcely*

Ce n'est guère possible.

ne . . . jamais, *never*

Je ne l'ai jamais lu. *I have never read it.*
Avez-vous jamais essayé de le faire?
Have you ever tried to do it?

ni . . . ni . . . ne, *neither . . . nor . . .*

Ni ses parents ni ses amis ne l'ont vu.
Neither his parents nor his friends have seen him.
Je n'ai ni plume ni crayon. *I have neither pen nor pencil.*

Two negatives occurring together:

Je ne vois plus rien. *I no longer see anything.*
Il ne m'a jamais rien dit. *He has never told me anything.*

104. Negation with the Infinitive

Both parts of the negative are placed before the Infinitive:

Il me dit de ne pas attendre. *He told me not to wait.*
J'ai promis de ne rien dire.
I have promised to say nothing.

105. Adverbs from Adjectives

Usually **-ment** is added to the feminine:

heureuse, heureusement; active, activement.

NOTE HOWEVER: constant, constamment; évident, évidemment. So also adverbs from other adjectives ending in *-ent* or *-ant*.

The following require special note:

joliment, *prettily*
poliment, *politely*
vraiment, *truly*
gaiement, *gaily*
précisément, *precisely*
profondément, *deeply*
brièvement, *briefly*

106. Place of Adverbs

In French, one does not place adverbs between the subject and the verb, as is frequently done in English:

I often see him. Je le vois souvent.
He gently opened the door. Il ouvrit doucement la porte.

Let the adverb stand next to the verb and *before* the object. (In English we frequently place the adverb after the object.)

He received his visitors politely. Il reçut poliment ses visiteurs.

107. Comparison of Adverbs

Il marche plus vite que moi (*more quickly than*).
Il marche moins vite que moi (*less quickly than*).
Il marche aussi vite que moi (*as quickly as*).
Marie courut le plus vite (*the fastest*).

NOTE THE FOLLOWING:

bien, *well*	mieux, *better*	le mieux, (*the*) *best*
beaucoup, *much*	plus, *more*	le plus, (*the*) *most*
peu, *little*	moins, *less*	le moins, (*the*) *least*

Notes on Common Adverbs

108. Adverbs of Manner and Quantity

que Que (*or* Comme) cet enfant est malheureux! *How unhappy this child is!*

comment Comment allez-vous? *How are you?*
Comment! vous pleurez! *What! you are crying!*

mieux	Il a fait de son mieux. *He has done his best.*
plus **moins**	Followed by **de** in expressions of quantity: Plus de mille francs. *More than a thousand francs.* Moins d'une demi-heure. *Less than half an hour.* Followed by **que** only in comparisons: Vous mangez plus que moi. *You eat more than I.*
tant	*So much, so many, so.* Il a tant d'argent, tant d'amis. Il les avait tant aimés. *He had loved them so (much).*
tellement	*So (= to such a degree).* J'étais tellement surpris . . . *I was so surprised . . .*
peu	Un peu d'argent, *a little money.* Peu d'argent, *little money.* Peu d'amis, *few friends.*

109. Adverbs of Time

tôt	**Si tôt,** *so soon (early).* **Plus tôt,** *sooner, earlier.* Pourquoi êtes-vous venu si tôt? Plus tôt que de coutume, *earlier than usual.* *Soon* by itself is translated by **bientôt:** Nous partirons bientôt.
de bonne heure	*Early.* Je suis rentré de bonne heure.
de bon matin	*Early in the morning.* One also says **de grand matin.**
tard	Je suis rentré tard. *I came (went) home late.* **En retard** = *late* in the sense of *after time*: Nous étions en retard. *We were late.*
fois	Une fois, *once*; deux fois, *twice.* Plusieurs fois, *several times.* Encore une fois, *once more.*
avant	*Before* (time or order). Il est arrivé avant moi. Avant sept heures.
temps	De temps en temps, *from time to time.* En même temps, *at the same time.* A temps, *in time.* Il arrivera à temps.

hier Hier matin, *yesterday morning.*
Hier soir, *last evening* (*night*).

demain Demain matin (soir), *to-morrow morning* (*evening*).

le lendemain *The morrow, the next day.*
Le lendemain matin (soir), *the next morning* (*evening*).

110. Adverbs of Place

où D'où venez-vous? *Where do you come from?*

part Quelque part, *somewhere*: Je l'ai déjà vu quelque part.
Nulle part, *nowhere*: Je n'ai vu cela nulle part.

en haut *At the top, upstairs.*

en bas *At the bottom, downstairs.*

là-bas *Yonder, over there.*

ailleurs *Elsewhere, somewhere else.*

111. Conjunctions

d'ailleurs *Besides, moreover.*

car *For.* Do not confuse **car** with the preposition **pour** (e.g. pour moi).

donc *Therefore.* When *so* or *then* = *therefore*, translate by **donc.**

or *Now* (starting a fresh part of a story).
Or, le roi était vieux et faible . . .

peut-être *Perhaps.*

puisque *Since* (reason): Puisqu'il refuse de nous accompagner . . .

depuis que *Since* (= *from the time that*): Depuis que je suis à Londres . . .
Since I have been in London . . .

pendant que *While* (= *during the time that*): Pendant que je mangeais, mon ami lisait le journal.

tandis que *While, whilst, whereas* (with an idea of contrast): Votre ami parle mal, tandis que vous, vous parlez bien.

112. Prepositions

à

La dame aux cheveux blancs.
The lady with white hair.
Le monsieur au chapeau noir.
The gentleman with the black hat.
Au secours! *Help!*
A la campagne, *in the country.*
Aux champs, *in the fields.*

de

Suivi de, *followed by.* Couvert de, *covered with.* Rempli de, *filled with.*
De cette façon (manière), *in this way.*
De ce côté, *on this side.*
De l'autre côté, *on the other side.*

parmi

Among. Parmi tous les visiteurs. Parmi les arbres.

depuis

Since
J'apprends l'allemand depuis six mois.
I have been learning German for six months.
Depuis ce temps-là, *since that time.*

sans

Sans argent, *without money.*
Sans vous, nous aurions été battus.
But for you, we should have been beaten.

jusqu'à

As far as, up to: Jusqu'au bout de la rue.

pendant

Il a plu pendant une heure.
It rained for an hour.
Pour expresses pre-arranged time limit:
Je suis ici pour trois jours seulement.
I am here for only three days.

par

Il a été mordu par un chien.
He has been bitten by a dog.
Par ici, monsieur. *This way, sir.*
Je regardais par la fenêtre.
I was looking out of the window.
Par une nuit très froide, *on a very cold night.*
Trois fois par semaine, *three times a week.*
Il gagne 40 francs par jour.
He earns 40 francs a day.

113. Various Renderings of some English Prepositions

about	Vers six heures. *About six o'clock.* Environ trois kilomètres. *About three kilometres.* Cela pèse à peu près trois kilos. *This weighs about three kilos.* Ils se disputaient à propos (au sujet) d'un parapluie. *They were quarrelling about an umbrella.*
after	Après vous, *after you.* Le lendemain, *the day after.* Au bout d'un mois il allait mieux. *After a month he was better.*
along	Je me promenais le long de la plage. *I was walking along the beach.* *He was walking along the street* = Il marchait dans la rue.
in	A mon avis, *in my opinion.* A l'ombre, *in the shade.*
on	A cheval, *on horseback.* A pied, *on foot.*
over	Il sauta par-dessus le mur. *He jumped over the wall.* Note that *above* (position) is **au-dessus de:** Au-dessus de nos têtes.
till, until	Je ne partirai pas avant midi. Ce train ne part qu'à 8 heures 20. *This train does not leave until* 8.20.
up	Il grimpa sur (dans) un arbre.
with	Je frappai le chien avec ma canne. *I struck the dog with my walking-stick.* De toutes mes forces. *With all my strength* (*might*).

Vocabulary

ABBREVIATIONS USED

adv., adverb
fut., future
imper., imperative
imperf., imperfect
p. hist., past historic
plur., plural
p. part., past participle
pres., present
pres. subj., present subjunctive
pron., pronoun
subj., subjunctive

FRENCH–ENGLISH

A

s'abaisser, to be lowered
abattre, to knock down, pull down
une abeille, bee
un aboiement, bark(ing)
aborder, to approach, go up to
aboyer, to bark
un abri, shelter
s'abriter, to shelter
un acacia, acacia (tree)
accabler, to overwhelm, bear down
acclamer, to cheer
accourir, to hasten up, run up
accoutumé, accustomed, usual
s'accrocher à, to catch in, cling to
accroupi, crouching, squatting
acharné, fierce, desperate
acheter, to buy
achever, to complete
l'acier (*m.*), steel
une acquisition, acquisition
il acquit (*p. hist. of* **acquérir**), he acquired
adieu, good-bye, farewell; **faire ses adieux**, to say good-bye
admettre, to admit, approve of
adorer, to adore, worship
adresser, to address, say; **s'adresser à**, to address oneself to, speak to
affaibli, grown weak, weakened
une affaire, affair, deal, matter; **les affaires**, business; **se tirer d'affaire**, to get out of a difficulty
affreux, awful, frightful
afin de, in order to
un âge, age
âgé, aged, old
s'agenouiller, to kneel (down)
agité, busy, quick-moving
agiter, to move quickly, to agitate; to wave; **s'agiter**, to be troubled
un agneau, lamb
agréable, pleasant, agreeable
un agresseur, assailant, aggressor
agricole, agricultural
aider, to help
aigu, pointed, sharp; shrill
une aile, wing
il aille (*pres. subj. of* **aller**), he may go
ailleurs, elsewhere; **partout ailleurs**, everywhere else
aimer, to like, love
aîné, elder, eldest
ainsi, thus, so; **ainsi que**, even as
un air, air, look; **en plein air**, in the open (air); **avoir l'air (de)**, to seem (to)
l'airain (*m.*), brass, bronze
l'aise (*f.*), ease; **à l'aise**, at ease, comfortable
ajouter, to add
une alerte, alarm
une algue, (piece of) sea-weed
alimenter, to feed
les aliments (*m.*), food, foodstuffs
une allée, path, walk
l'Allemagne (*f.*), Germany
un Allemand, German
aller, to go; **s'en aller**, to go away

allonger, to stretch out
allons! come now! come on!
allumer, to light
alors, then
un **amandier**, almond-tree
un **amas**, heap, mound
ambigu, ambiguous
une **âme**, soul, heart
amener, to bring
un **ami**, friend
l'amour (*m.*), love
amoureux, amorous
une **amulette**, charm
amuser, to amuse; **s'amuser**, to enjoy oneself
un **an**, year
un **ancêtre**, ancestor
ancien, old, former
une **ancre**, anchor
un **âne**, donkey, ass
une **anémone**, anemone
un **ange**, angel
l'Angélus, Angelus bell
l'Angleterre (*f.*), England
l'angoisse (*f.*), distress, terrible anxiety
un **anneau**, ring
une **année**, year
un **anniversaire**, birthday
annoncer, to announce; **s'annoncer**, to promise (*speaking of the weather*)
un **ânon**, little donkey, 'donkey boy'
une **anse**, handle
antique, ancient
apaiser, to pacify, calm
apercevoir, to perceive, catch sight of; **s'apercevoir**, to notice
aplatir, to flatten
apparaître, to appear
une **apparition**, vision
un **appartement**, flat, suite
appartenir, to belong
appeler, to call; **s'appeler**, to be called (named)
s'appesantir, to grow heavy
les **applaudissements** (*m.*), applause
apporter, to bring
apprendre, to learn
s'apprêter (**à**), to prepare (to), get ready (to)
approcher, to approach, come near; to bring up, put near, put to; **s'approcher** (**de**), to approach, go up to
(s')appuyer, to lean, rest
après, after
un(e)**après-midi**, afternoon
un **Arabe**, Arab
un **arbre**, tree
un **arc**, bow
ardent, ardent, burning
l'argent (*m.*), silver; money
une **arme**, weapon
une **armoire**, cupboard
arracher, to snatch, pull up, tear out
un **arrangement**, arrangement, settlement
arranger, to put right, see to
une **arrestation**, arrest
un **arrêt**, stop, stoppage
arrêter, to stop, arrest; **s'arrêter**, to stop
en **arrière**, back(wards)
une **arrivée**, arrival
arriver, to arrive, come (along); to happen
s'arrondir, to arch, become arched
un **arsenal**, arsenal
articuler, to articulate, pronounce
un **aspect**, sight
aspirer, to aspire, yearn
s'assembler, to collect, gather
s'asseoir, to sit down
assez, enough, sufficiently; fairly, rather
assis, seated, sitting
une **assistance**, audience
assister (**à**), to be present (at), to witness
s'assombrir, to grow dark
assurément, to be sure
assurer, to assure
un **âtre**, hearth
une **attaque**, attack, fit
atteindre, to attain, reach
attendre, to await, wait for, expect
attendri, softened
une **attente**, wait

l'attention (*f.*), attention, concentration; **faire attention,** to be careful, to notice
attentivement, attentively, closely
atterré, dismayed, crushed
attirer, to attract
attraper, to catch
attristé, saddened
l'aube (*f.*), daybreak
une auberge, inn
aucun (+ **ne**), no, none
au delà (**de**), beyond
au-dessus (**de**), above
au-devant (**de**), towards, to meet
aujourd'hui, to-day
auprès (**de**), by, beside, close (to)
auquel, at (by) which
l'aurore (*f.*), dawn
aussi, also, too; so, therefore
aussitôt, at once, immediately
autant, as much; **d'autant plus ... que,** all the more ... as; **en faire autant,** to do the same
un auteur, author
l'autorité (*f.*), authority
autour de, round
autre, other; **autre chose,** something (anything) else
autrefois, formerly, in former times
autrement, otherwise
avancer, to advance, go (come) forward
avant, before; **en avant,** forward, in front; **l'avant** (*m.*), (*ship's*) bows; **avant que** (+ *subj.*), before
l'avant-garde (*f.*), vanguard
avare, mean, miserly; **un avare,** miser
avec, with
l'avènement (*m.*), coming
l'avenir (*m.*), future
une aventure, adventure
une averse, downpour
avertir, to warn, give warning
aveugle, blind
aveugler, to blind
avide, avid, greedy
avouer, to confess, own up
ayant, having
l'azur (*m.*), azure
azurer, to turn azure, make blue

B

le babillage, babbling
le bac, ferry-boat
les bagages (*m.*), luggage
la baguette, wand
se baigner, to bathe, dip
le baigneur, bather
la baïonnette, bayonet
baisser, to lower; **se baisser,** to stoop (down)
le bal, ball, dance
se balancer, to swing
ballotté, tossed about
la balustrade, balcony
le bambin, youngster, little chap
le banc, bench, seat; (*church*) pew
la bande, strip
barbu, bearded
la baronne, baroness
la barque, (fishing-) boat
bas (*adj.*), low; (*adv.*), quietly; **le bas,** bottom
la basse-cour, poultry-yard
le bassin, basin, pool; dock
la bataille, battle
le bâton, stick, staff
le battement, beating
battre, to beat, to scour; **se battre,** to fight
beau (*f.* **belle**), beautiful, fine, handsome; **avoir beau** (**faire**), to (do) in vain
beaucoup, (very) much, a great deal
le bec, beak
la bêche, spade
bel (*used before a vowel*) fine, *e.g.* un bel arbre
belle, *f. of* **beau**
bercé, rocked, lulled
le berceau, cradle
le berger (*f.* **la bergère**), shepherd
la bergerie, sheep-fold
le besoin, need; **avoir besoin,** to need
la bête, creature, animal, beast
bête, stupid, dull-witted
le beurre, butter
bien, well, very, certainly, duly; **eh bien!** well! **ou bien,** or else; **faire bien,** look well (nice); **bien que** (+ *subj.*), although
le bien, property

bientôt, soon, presently
le **bijou**, jewel; **les bijoux**, jewellery
le **bijoutier**, jeweller
le **billard**, billiards, billiard table, billiard-room
le **billet**, ticket
le **bissac**, bag, haversack
blanc (*f.* **blanche**), white
blanchi, whitened
le **blé**, corn
blesser, to injure, wound, hurt
bleu, blue
se **blottir**, to crouch
le **bœuf**, ox
boire, to drink
le **bois**, wood
la **boîte**, box
bon (*f.* **bonne**), good, kind, right
le **bonbon**, sweet
le **bond**, bound
bondir, to leap
le **bonheur**, happiness, good fortune, luck, fun
le **bonhomme**, old fellow
la **bonne**, maid
bonnement; tout bonnement, just simply
la **bonté**, kindness, goodness of heart
le **bord**, side, edge, brim, shore
border, to border, line
le **bosquet**, clump of trees
la **botte**, top-boot
la **bouche**, mouth, lips
la **bougie**, candle
le **boulanger**, baker
la **boulangerie**, baker's shop
le **boulevard**, boulevard
bouleverser, to upset
le **bouquet**, bunch (of flowers)
bourré, stuffed
bourru, gruff, ill-humoured
la **bourse**, purse
le **bout**, end; **en venir à bout,** to succeed, manage
la **boutique**, shop
braire, to bray
le **brancard**, shaft
le **bras**, arm
la **bravoure**, bravery
la **brebis**, ewe, sheep
bref (*f.* **brève**), brief, short
la **Bretagne**, Brittany
breton, Breton
brièvement, briefly
brillant, brilliant
briller, to shine, show bright
la **brise**, breeze
se **briser**, to break
la **broderie**, embroidery
le **brouillard**, fog, mist
brouillé, uncertain, not clear
brouter, to browse, feed on
bruire, to rustle, to rattle
il **bruissait** (*imperf. of* **bruire**), it was rustling
le **bruit**, noise
brûler, to burn, scorch
la **brume**, mist, mistiness
brusquement, quickly, sharply
bruyant, noisy
la **bruyère**, heath, heather
le **bûcheron**, wood-cutter, woodman
le **buffet**, sideboard
le **buis**, box-tree, box-bush
le **buisson**, bush
le **bureau**, office, study
le **but**, target, aim
le **butin** booty.

C

ça, that
çà et là, here and there
la **cabane**, hut, cottage
le **cabaret**, tavern
le **cabinet**, study, consulting-room; **le cabinet de toilette,** dressing-room
cacher, to hide
le **cachet**, seal
en **cachette**, secretly, stealthily
le **cadeau**, present
le **café**, coffee
le **cahier**, book; album
le **caillou**, stone, pebble
le **calice**, cup, calyx
le **camarade**, comrade
la **campagne**, country (-side)
le **canapé**, sofa, settee
le **canard**, duck
la **canne**, walking-stick
le **canon**, barrel
le **canton**, canton, district
le **capot**, bonnet (*of a motor-car*)
car, for
caramba! (*Span.*) devil take you!

le **carnier,** (game-) bag
la **carrière,** (1) quarry; (2) career; **se donner carrière,** to go at it hammer and tongs
la **carriole,** (*farmer's*) cart
la **carte,** map
le **carton,** cardboard (box)
le **cas,** case
la **casquette,** (*cloth*) cap
casser, to break (down)
le **cauchemar,** nightmare
à **cause de,** because of
causer, to talk, chat
le **cavalier,** horseman
la **ceinture,** belt, girdle
célèbre, famous
célèbrer, to celebrate
celle, she; that; the one
celui, he; that; the one; **celui-ci,** this one, the latter
la **cendre,** cinder, ash
cent, (a) hundred
la **centaine,** hundred
cependant, yet, however
le **cercle,** circle, ring
cerner, to surround
certes, to be sure
cesse; sans cesse, ceaselessly, all the time
cesser, to cease, stop
ceux, these, those; **ceux-ci,** these, the latter
le **chacal,** jackal
chacun, each one, each person
le **chagrin,** vexation, grief, sorrow
la **chaise,** chair
la **chaleur,** warmth; **sans chaleur,** (*of wine*) without body
la **chambre,** (bed-) room; **la chambre à coucher,** bedroom
le **chameau,** camel
le **champ,** field
la **chanson,** song
le **chant,** song
chanter, to sing, carol; to chirp
le **chapeau,** hat
chaque, each
le **charbonnier,** charcoal-burner
charger, to load, burden; to entrust; **se charger de,** to take over
charmant, charming, delightful
charmer, to charm, fascinate
la **charrue,** plough
chasser, to hunt, shoot; to drive away
le **chasseur,** hunter
le **château,** castle; mansion, hall
la **chatte,** she-cat
chaud, warm; **bien chaud,** nice and warm
le **chauffage,** heating
chauffer, to warm
le **chaume,** thatch; thatched cottage
la **chaumière,** cottage
le **chef,** chief, head, leader
le **chemin,** road, way, lane; **le chemin de fer,** railway
la **cheminée,** chimney, chimney-piece
cheminer, to go (walk) along
le **chêne,** oak
cher (*f.* **chère**), dear
chercher, to seek, look for, get; **aller chercher,** to fetch; **chercher à (faire),** to strive to (do)
chérir, to cherish, love
le **cheval,** horse
chez, at the house of; **chez moi,** at my house, at home
le **chien,** dog
le **choc,** shock, impact
le **chœur,** choir
choir, to fall
choisir, to choose
la **chose,** thing
le **chou,** cabbage
la **chute,** fall
le **ciel** (*plur.* **les cieux**), sky, heaven
la **cime,** top
cinquante, fifty
la **circulation,** traffic
la **cire,** wax
les **ciseaux** (*m.*), scissors
la **citrouille,** pumpkin
clair, clear, light; **le clair de lune,** moonlight
le **clairet,** claret
clandestin, secretive
clapoter, to plash, gurgle
claquant, flapping
en **classe,** in class; in (to) school
la **cloche,** bell
le **clocher,** steeple, church tower
le **cocher,** coachman, driver
le **cœur,** heart; **de bon cœur,** gladly
le **coffre,** chest

le coin, corner; spot; little patch
la colère, anger, rage
le collet, collar
le collier, collar
la colline, hill
la colonne, column
combattant, combatant, fighter
combattre, to fight
combien, how much (many)? how
comme, as, like
comment? how? **comment!** what! **comment est-il?** what is he like?
le commerce, trade; **faire le commerce de**, to trade in
commis, committed
le commissaire, superintendent (*of police*)
la commission, errand
communiquer, to communicate, tell
le compagnon, companion
comprendre, to understand
compris (*p. part. of* **comprendre**), understood
le compte, account; **tout compte fait**, taking all things into account; **se rendre compte**, to realize
compter, to count, rely; to expect
le comte, Count
concevoir, to conceive
le concierge, caretaker, porter
conciliant, conciliatory
conclure, to conclude
la condamnation, condemnation, doom
condamner, to condemn
conduire, to conduct, lead, drive, take, guide
confier, to entrust
la confiture, jam
confusément, dimly
le congé, holiday, leave; **prendre congé**, to take leave
conjurer, to implore, entreat
la connaissance, acquaintance
le connaisseur, expert, connoisseur
connaître, to know; **se faire connaître**, to make oneself known
le conseil, advice
conserver, to keep, preserve
consolant, consoling, comforting
le conte, tale
contenir, to contain; to restrain
content, pleased, glad, satisfied
conter, to tell
se contraindre, to restrain oneself
le contraire, contrary, opposite; **au contraire**, on the contrary
contrarié, annoyed, upset
contre, against; by
le contrebandier, smuggler
la contrée, land
convenir, to suit
le cordage, rigging
la corde, rope
le corps, body
corriger, to correct
le corsage, bust, bodice
le côté, side; **à côté de**, beside, next to, close to, by; **de tous côtés**, in all directions; **du côté de**, towards; **de chaque côté**, on either side
le cou, neck
couché, lying
coucher, to lie, to sleep; **se coucher**, to go to bed
le coucou, cuckoo-clock
le coude, elbow
couler, to flow
la couleur, colour; **les couleurs**, paints
le coup, stroke, blow; shot; act; bite; touch, tap; **tout à coup**, suddenly
coupable, guilty
couper, to cut
la cour, court; yard, courtyard
courageux, brave, courageous
courant, running; **le courant**, current, stream
la courbe, curve
courir, to run, hasten
le courroux, wrath
le cours, course; **au cours de**, in the course of; **le cours d'eau**, stream
court, short
cousu, sewn up; **bouche cousue**, not uttering a word
le couteau, knife
coûter, to cost
le couvent, convent
le couvercle, lid

la **couverture,** blanket
craindre, to fear
se **cramponner,** to cling, hold on
craquelé, crackly
le **craquement,** cracking, creaking
craquer, to crack, creak
la **cravate,** tie
la **crèche,** manger
les **créneaux** (*m.*), battlements
le **crépuscule,** twilight
creuser, to dig
le **cri,** cry, shout
criblé, pierced, riddled
crier, to call (out), cry, shout, yell, scream
le **croc,** hook
croire, to think, believe; **croire à,** to believe in
croiser, to cross
le **croissant,** crescent; bread-roll
il **croît** (*pres. of* **croître**), it grows
la **crosse,** butt (*of a gun*)
la **croupe,** crupper, quarters
la **cruche,** jug
il **crut** (*p. hist. of* **croire**), he thought
cueillir, to pick, gather
la **cuisine,** kitchen
la **cuisse,** thigh
la **culbute,** tumble; somersault
cultiver, to cultivate, grow
le **curé,** parish priest
curieux, curious, weird; **un curieux,** a curious (inquisitive) person
le **cygne,** swan
la **cytise,** laburnum

D

d'abord, first (of all)
daigner, to deign, condescend
d'ailleurs, besides
la **dame,** lady
le **danger,** danger
dangereux, dangerous
d'après, according to, after
le **dard,** sting
davantage, more
débâter, to unpack, unsaddle
se **débattre,** to struggle
debout, upright, standing; **se tenir debout,** to stand up
les **débris** (*m.*), rubbish
décapiter, to decapitate, behead
décider, to decide; **se décider à (faire),** to make up one's mind to (do).
le **découpage,** cutting-out
découper, to cut out
découvert, discovered
découvrir, to discover, uncover
le **décret,** decree
décrire, to describe
déçu (*p. part. of* **décevoir**), disappointed
le **dedans,** inside
le **défaut,** failing, defect, weakness, foible
défendre, to defend; to forbid
dégoûté, disgusted
dehors, outside
déjà, already
déjeuner, to lunch, have lunch; to breakfast; **le déjeuner,** lunch; breakfast
le **délire,** wild excitement
demain, to-morrow
demander, to ask (for); **se demander,** to wonder
demeurer, to remain; to live
demi, half; **à demi,** (by) half; **le demi-jour,** twilight, subdued light; **une demi-heure,** half an hour
la **demoiselle,** young lady
dénoncer, to betray, give away
la **dent,** tooth
le **départ,** departure
dépeindre, to depict, describe
dépenser, to spend
le **dépit,** vexation, annoyance
déposer, to put down
depuis, since
déranger, to trouble, disturb; to shift
dernier, last
en **déroute,** routed, in flight
derrière, behind; **le derrière,** back
dès, from; **dès lors,** from that time onwards; **dès l'aube,** at daybreak
désagréable, unpleasant
descendre, to get down, get out
désert, deserted
la **désolation,** grief, mourning

dessous, beneath, underneath
dessus, on (it), on top, above; **le dessus,** top
destiner, to intend, mean
se détendre, to relax
déterrer, to unearth
la détonation, report
détourner, to turn away (aside)
détruire, to destroy
deux, two; **tous (les) deux,** both
dévaler, to slope down, drop down
devant, in front of; **le devant,** front
développer, to open out, extend
devenir, to become
devoir, to owe; to have to, must
le devoir, duty; **les devoirs,** (*school*) homework
dévorer des yeux, to gaze longingly
le diable, devil
le diamant, diamond
la dictée, dictation
dicter, to dictate
Dieu, God; **mon Dieu!** gracious me!
difficile, difficult
digne, worthy
la diligence, stage-coach
dimanche (*m.*), Sunday
dîner, to dine; **le dîner,** dinner
dire, to say, tell; **vouloir dire,** to mean
le directeur, manager; (*school*) headmaster
diriger, to direct, steer; **se diriger vers,** to make for, go towards
je disais (*imperf. of* **dire**), I used to say (was saying)
le discours, speech, discourse
disparaître, to disappear
la disparition, disappearance
se disputer, to quarrel, struggle for
la distraction, amusement, diversion
divertir, to entertain
le divertissement, amusement
le doigt, finger; claw
le domestique, servant
dommage; c'est dommage que (+ *subj.*), it is a pity that
donc, therefore, so, then
donner, to give
dont, whose, of which
doré, golden
dormir, to sleep
le dos, back
la dose, dose; tang
le douanier, Customs officer
doucement, gentle, softly
la douceur, gentleness
la douleur, pain
douter, to doubt; **se douter de,** to suspect
doux (*f.* **douce**), sweet, gentle, soft, quiet
le drapeau, flag
dresser, to raise, put up; to train; **se dresser,** to rise (up)
droit, right; **le droit,** right
le drôle, rogue
dû (*past p. of* **devoir**); **j'aurais dû (faire),** I ought to have (done)
le duc, duke
la dune, dune, sand-hill
dur, hard
durant, during
durement, harshly
durer, to last

E

l'eau (*f.*), water
les ébats (*m.*), frolics
écart; faire un écart, to shy
écarté, out-of-the-way
un échange, exchange
(s')échapper, to escape
une échelle, ladder
échevelé, dishevelled
un éclair, flash
éclairer, to light (up), illuminate, give a light (to)
éclater, to burst
éclos, out, in bloom
une écluse, sluice, lock
une école, school
les économies (*f.*), savings
écorché, raw
s'écouler, to go by, pass, elapse
écouter, to listen (to)
aux écoutes, listening
s'écrier, to exclaim, call out

écrire, to write
s'écrouler, to collapse, fall down
écumeux, foamy, foaming
une écurie, stable
effacer, to blot out
un effet, effect; **en effet**, indeed, to be sure
effleurer, to graze, just to touch
effrayant, frightful, alarming
effrayé, frightened, scared
l'effroi (*m.*), dread, terror
effroyable, frightful
égal, equal; **cela m'est égal, I** don't mind
égaré, lost, wandering, distraught
égarer, to mislead, put off the track; **s'égarer**, to wander
une église, church
égorger, to cut the throat, slay
une Égyptienne, gipsy-woman
élancé, tall and thin
s'élancer, to rush, dash, make a dash
élégant, elegant, stylish
élevé, brought up, bred
élever, to raise, bring up, rear; **s'élever**, to rise
éloigné, far, distant
une embardée, swerve
un embarras, dilemma
embarrassé, embarrassed, perplexed
embaumer, to scent
embrasser, to embrace, kiss
emmêler, to intermingle
emmener, to take (away), lead (away)
une émotion, emotion, excitement
émouvant, moving, exciting
s'emparer de, to seize, get hold of, get possession of
empêcher, to stop, prevent
un emploi, job; use
un employé, clerk
empoigner, to take hold of
emporter, to carry (take) away; to carry along
l'empressement (*m.*), haste
s'empresser (de), to hasten (to)
ému, stirred, moved, upset; excited, thrilled
un encensoir, censer, incense-burner
un enclos, enclosure
une enclume, anvil
encombré, packed, chock-full
encore, yet, again, still, further; into the bargain
l'encre (*f.*), ink
s'endormir, to go to sleep
un endroit, place, spot
l'enfance (*f.*), childhood
un(e) enfant, child; (*m.*) boy; (*f.*) little girl
enfermer, to shut in
enfin, finally, at last; **mais enfin**, but still, but then
s'enfuir, to flee, get away, bolt
engager, to induce; **s'engager**, to start; to catch in
s'engloutir, to be swallowed up
s'enivrer, to be (become) exalted
enlever, to carry away, carry along
l'ennui (*m.*), weariness
ennuyer, to annoy; **s'ennuyer**, to be bored, feel dull
ennuyeux, tiresome, boring
énorme, huge
ensemble, together
enseveli, buried
ensuite, then, afterwards
entendre, to hear; to understand; to intend; to mean; **se faire entendre**, to make oneself heard
un enterrement, interment, burial
enterrer, to bury
entier (*f.* **entière**), entire, whole
entourer, to surround
entraîner, to carry away, sweep away
entraver, to hinder
entre, between
entre-croiser, to intermingle
entrer, to enter, come in, go in; **faire entrer**, to bring in
un entretien, conversation, interview
envelopper, to wrap
une envie, wish, desire; **avoir envie**, to feel inclined; **mourir d'envie (de)**, to be dying (to)
environ, about
envoyer, to send
épais (*f.* **épaisse**), thick
éparpillé, scattered (about)
une épaule, shoulder
une épée, sword
éperdu, wild, distracted

éperdument, distractedly
un **épicier**, grocer
une **épine**, thorn, prickle
éploré, tearful
une **époque**, time
épouser, to marry
épouvantable, terrible, frightful
l'**épouvante** (*f.*), terror, dismay
les **époux**, married couple
éprouver, to feel, experience
épuisé, exhausted, tired out
un **équipage**, crew
en **équilibre**, balanced
s'**équilibrer**, to balance
errer, to wander, stray
un **escalier**, staircase, stairs
un **esclave**, slave
un **espace**, space, expanse
espagnol, Spanish
une **espèce**, kind, sort
l'**espérance** (*f.*), hope
espérer, to hope
l'**espoir** (*m.*), hope
l'**esprit** (*m.*), mind; wit; **avoir de l'esprit**, to be clever
s'**esquiver**, to slip away
un **essai**, try, trying on
essayer, to try (on); **s'essayer (à)**, to try, attempt (to)
essoufflé, out of breath
l'**essoufflement** (*m.*), breathlessness
essuyer, to wipe
une **estampe**, engraving
une **étable**, (cow-) shed
s'**établir**, to settle
un **étage**, floor, storey
s'**étaler**, to spread, be displayed
un **étang**, pool, pond
un **état**, state
l'**été** (*m.*), summer
éteindre, to extinguish, put out
un **étendard**, standard
étendre, to reach out; **s'étendre**, to stretch, reach away, range over
étendu, stretched out, lying
étincelant, glittering
une **étoile**, star
l'**étonnement** (*m.*), astonishment, surprise
étonner, to surprise, astonish; **s'étonner**, to be surprised (astonished).
étouffer, to stifle, drown
étrange, strange
un **étranger**, stranger, foreigner
un **être**, being, person
étreindre, to grip
étroit, narrow
étudier, to study
s'**évader**, to escape
une **évasion**, escape
s'**éveiller**, to awake
un **événement**, event; **faire événement**, to create a sensation
éviter, to avoid, keep out of
exact, punctual; **peu exact**, unpunctual
l'**exaltation** (*f.*), excitement
examiner, to examine, inspect
une **exception**, exception; **à l'exception de**, excepting, with the exception of
une **excuse**, excuse, apology
s'**excuser**, to apologise
un **exemple**, example; **par exemple**, for example (instance)
exercer, to practise, follow (*an occupation*)
exiger, to demand
expirer, to expire, die away
une **explication**, explanation
expliquer, to explain
exposer, to expose, exhibit
exprimer, to express
extérieur, external, outside

F

en **face**, opposite, facing, right in front; in the face, squarely
se **fâcher**, to get annoyed
facile, easy
le **facteur**, postman
faible, weak, faint
la **faiblesse**, weakness
faillir (faire), nearly to (do)
la **faim**, hunger; **mourir de faim**, to starve, die of hunger
faire, to make, to do
le **fait**, fact, deed; **tout à fait**, quite, completely
la **falaise**, cliff
il **fallait**, it was necessary, (one) had to
la **fanfare**, fanfare, blowing (*of trumpets*)

la **fantaisie,** fancy, whim; **il lui prenait fantaisie,** he took it into his head
le **fardeau,** burden, weight
farouche, wild, untamed, unfriendly
fascinatrice (*f. of* **fascinateur**), fascinating
fatiguer, to tire, weary
il **faudra,** it will be necessary
la **faute,** fault
le **fauteuil,** arm-chair
favori (*f.* **favorite**), favourite
les **favoris** (*m.*), whiskers
la **femme,** woman, wife; **la femme de chambre,** maid
la **fenêtre,** window
la **fente,** crack
le **fer,** iron; steel
la **ferme,** farm
ferme, firm
fermer, to close, shut
la **fermière,** farmer's wife
le **festin,** feast
la **fête,** celebration, festivity, rejoicing, birthday, great occasion; **un jour de fête,** holiday
fétide, evil-smelling
le **feu,** fire; **un coup de feu,** shot
le **feuillage,** foliage
la **feuille,** leaf
février, February
fidèle, faithful
fier, proud
la **fierté,** pride
fiévreux, feverish
la **figure,** face; **faire mauvaise figure,** to cut a poor figure
au **fil de l'eau,** with the stream
filer, to travel
la **fille,** girl, daughter
la **fillette,** little girl
le **fils,** son
filtrer, to steal (in)
la **fin,** end
finir, to finish
il **fit** (*p. hist* of **faire**), he made (did)
fixe, fixed
fixer, to fix, catch, fasten
flairer, to scent
flamber, to flare
la **flamme,** flame
le **flanc,** flank, side
flâner, to idle, loiter
la **fleur,** flower; **en fleurs,** in bloom, in blossom
le **fleuve,** (great) river
les **flots** (*m.*), waters, waves
flotter, to float, wave
le **flux,** (flood-) tide
la **foi,** faith; **ma foi!** upon my word!
le **foin,** hay
la **foire,** fair
la **fois,** time; **à la fois,** both, at the same time; **que de fois,** how often
la **folie,** folly, silliness
folle (*f. of* **fou**), mad, crazy
le **fond,** bottom, far end
se **fondre,** to melt, blend, fade
la **force,** strength, might; **de toutes ses forces,** with all one's might
la **forêt,** forest
formidable, frightful, terrific
fort (*adj.*) strong; (*adv.*) very loud
fortement, loudly
fou (*f.* **folle**), mad, wild, crazy; **le fou,** mad fool
le **fouet,** whip
fouetter, to whip (up), lash, keep going
la **fougère,** fern, bracken
fouiller, to search
la **foule,** crowd
fouler, to tread, stamp
fournir, to provide, supply
se **fourrer,** to push oneself in
le **foyer,** hearth
fracassé, shattered
fraîche (*f. of* **frais**), fresh
frais (*f.* **fraîche**), fresh, cool
frapper, to hit, knock, strike
la **frayeur,** fright
le **frère,** brother
la **friandise,** tit-bit, delicacy
froid, cold; **le froid,** cold
frôler, to brush, graze
le **fromage,** cheese
froncer, to pucker, knit; **froncer le sourcil,** to frown
le **front,** forehead, brow
la **fuite,** flight; **prendre la fuite,** to take flight
la **fumée,** smoke
fumer, to smoke
le **furet,** ferret
fureter, to scour, prowl round, peer about

le fusil, rifle, gun; **un coup de fusil,** rifle shot
la futaille, barrel, hogshead

G

gagner, to earn; to overtake
la gaîté (or **gaieté**), gaiety
le gant, glove
le garçon, boy; waiter
le garde, guard (*man*)
la garde, guard (*watch*); **prendre garde,** to be careful
garder, to keep, preserve, guard, care for, tend
la gare, station
gare à, look out for
garnir, to adorn; to furnish, provide
le gars, lad
gaspiller, to squander
gauche, left
le gazon, turf, lawn
le géant, giant
gelé, frozen
gémir, to moan, groan
le gendarme, policeman
généralement, generally, usually
le génie, genius
le genou, knee; **à genoux,** on one's knees
le genre, kind
les gens, people, folk
le gentilhomme, gentleman (= *nobleman*)
gentiment, nicely
le geste, gesture, movement
le gilet, waistcoat
il gisait (*imperf. of* **gésir**), he was lying
gisant, lying
la glace, ice; (*carriage*) window
glacial, freezing, icy, bitterly cold
glisser, to slide, slip; **se glisser,** to creep
la gloire, glory
le gouffre, gulf, chasm
la gourde, (*soldier's*) water-bottle, flask
gourmand, gluttonous, fond of one's stomach
le goûter, lunch, snack
la goutte, drop, spot
la grâce, grace
le grain, (*at sea*) squall
la grand'chère, great cheer, fine meal
grandi, grown up
à grand'peine, with great difficulty
la grand'tante, great aunt
la grange, barn
la grappe, bunch, cluster
gratter, to scratch
graver, to carve, cut
gravir, to climb
le grenier, granary, loft
le grès, earthenware
la grève, shore, strand
grignoter, to nibble
le grillon, cricket
grimper, to climb
grincer, to grind
grommeler, to rumble
gronder, to scold, grumble at
gros (*f.* **grosse**), big, stout; **un gros mot,** oath
grossir, to make bigger (louder)
la guêpe, wasp
la guerre, war
le guet, watch; **au guet,** on the watch, alert
guetter, to watch for, look out for
guider, to guide

H

(Words beginning with *h aspirée* are marked with an asterisk.)

habiller, to dress
un habit, coat; **les habits,** clothes
habiter, to live (in)
une habitude, habit; **comme d'habitude,** as usual
habituel, usual
***hagard,** wild (-eyed)
la *haie, hedge
l'haleine (*f.*), breath
***haletant,** gasping, panting
le *hameau, hamlet
le *hangar, shed
le *hasard, chance; **au hasard,** at random; **par hasard,** by chance
en *hâte, in haste, hurriedly

***hausser**, to raise; **hausser les épaules**, to shrug the shoulders
***haut**, high, tall, lofty; **en haut**, above, at the top; **du haut en bas**, from top to bottom
***hein?** eh?
***hélas**, alas
l'herbe (*f.*), grass
herbu, grassy
***hérisser**, to puff out, ruffle, bristle
hériter (de), to inherit
un héritier, heir
le *héros, hero
le *hêtre, beech (-tree)
une heure, hour, time; **de bonne heure**, early
heureusement, fortunately
***heurter**, to hit, bump against; **heurter du pied**, to kick (against)
hier, yesterday
une hirondelle, swallow
une histoire, story
l'hiver (*m.*), winter
un homme, man
honnête, honest
honorer, to honour
***honteux**, ashamed, self-conscious
une horloge, clock
***hors (de)**, out (of); except
hospitalier, hospitable, welcoming
une hôtesse, hostess
***hou!** ho!
***houleux**, (*sea*) high, rolling
le *housard, hussar
le *houx, holly
huileux, oily
humide, damp, wet
***hurler**, to yell, bawl
la *hutte, hut
hypocrite, hypocritical

I

ici, here
une idée, idea
ignorer, not to know, be unaware
une île, island
une image, picture
imaginer, to imagine, think of
immense, vast
immobile, motionless
implorer, to implore, entreat
important, important, large
importer, to matter; **qu'importe?** what does it matter?
inattendu, unexpected
un incendie, fire
inconnu, unknown; **un inconnu**, stranger
incroyable, unbelievable, incredible
indécis, uncertain, misty
indicible, unspeakable
un indigène, native
infiniment, infinitely, greatly
une infinité, endless number
inonder, to flood, swamp
inquiet, anxious, troubled, uncertain
s'inquiéter, to worry
l'inquiétude (*f.*), anxiety
s'installer, to settle oneself, settle down
un instant, instant, moment; **à chaque instant**, repeatedly, continually
intéressant, interesting
s'intéresser à, to be interested in, interest oneself in
une interrogation, questioning
interroger, to question
interrompre, to interrupt
intrépide, fearless
s'introduire, to get into
inutilement, uselessly, to no purpose
un invité, guest
isolé, lonely

J

jadis, in the old days, of yore
jaloux, jealous
jamais (+ ne), never
la jambe, leg
janvier, January
le jardin, garden
le jardinier, gardener
jaune, yellow; russet
jauni, yellowing
jaunir, to turn yellow (*or* brown)
jeter, to throw, cast; to send out, utter

le jeu, game
jeune, young
joindre, to join, clasp
joli, pretty
le jonc, reed
la joue, cheek
jouer, to play
le jouet, toy
le joug, yoke
la jouissance, fun, enjoyment, delight
le joujou, plaything
le jour, day, daylight; **de nos jours**, in our time (day); **il fait jour**, it is light; **il fait petit jour**, it is getting light
le journal, newspaper; diary
la journée, day; **de la journée**, all day
joyeux, joyous, merry, blithe
juin, June
la jupe, skirt
jurer, to swear
jusqu'à, as far as, up to, until
juste (*adj.*), exact, right, true; **être juste**, to fit; (*adv.*) just, right
justement, precisely

L

là, there, here
là-bas, yonder, over there
labourer, to plough up, tear up
le laboureur, ploughman
lâcher, to loose, let go
là-dessus, thereupon
laisser, to leave, let
le lait, milk
le lambin, slow-coach
le lambris, panelling
la lame, (1) wave, billow; (2) blade, strip, band
la lande, moor
le lapin, rabbit
large, wide, broad
la larme, tear
las, weary
la lavande, lavender
le lavoir, wash-house
lécher, to lick
la leçon, lesson
le lecteur, reader
la lecture, reading; **le salon de lecture**, reading-room
léger, light, slight, buoyant, soaring
le légume, vegetable
le lendemain, the morrow, the next day
lentement, slowly
la lenteur, slowness
lequel (**laquelle**), which
levant, rising
lever, to raise; **se lever**, to get up; **le lever**, rising
la lèvre, lip
libre, free
le lierre, ivy
le lieu, place; **avoir lieu**, to take place; **au lieu de**, instead of
le lièvre, hare
la ligne, line
la lime, file
la limousine, limousine (*luxury car*)
la liqueur, liquor, liquid
la lisière, edge, fringe
le lit, bed
livide, livid, grey-faced
le livre, book
se livrer, to give oneself up
la loge (*of a dog*), kennel
le logement, lodging
loger, to lodge
le logis, house
la loi, law
loin, far (away), distant, remote; **au loin**, in the distance; **plus loin**, farther away
le loisir, leisure; **à loisir**, at leisure
long (*f.* **longue**), long; **le long de**, along
longer, to pass along
longtemps, long, a long time
le loquet, latch
lors, then; **dès lors**, from that time onwards
lorsque, when
le louis, gold coin (*translate by* sovereign)
le loup, wolf
lourd, heavy
lu (*past p. of* **lire**), read
la lueur, glow, glimmer
lugubre, dismal
luisant, glossy, shining
la lumière, light

la lune, moon; **le clair de lune,** moonlight
la lutte, struggle

M

la machine, engine
le magasin, shop
mai, May
maigre, thin, meagre
la main, hand
maint, many a
maintenant, now
maintenir, to keep, hold, secure
le maintien, mien, bearing
le maire, mayor
mais, but
la maison, house
la maisonnette, cottage
le maître, master
la maîtresse, mistress
majestueux, majestic
mal, badly, ill, amiss
le mal de mer, sea-sickness
malade, ill
la maladie, illness
le malheur, misfortune, ill-luck; **par malheur,** unfortunately
malheureux, unhappy, unfortunate, unlucky; **un malheureux,** wretch, wretched man
la malle, trunk
la malpropreté, filthiness
maman, Mother, 'mummy'
la manche, sleeve
mander, to summon
la mangeoire, eating-vessel
manger, to eat
la manière, manner, way
la manœuvre, working of the ship
le manoir, manor (-house)
manquer, to lack; to miss; to fail
le marchand, merchant, dealer, shop-keeper
la marche, step, stair
le marché, market; deal, bargain; **la place du marché,** market-place
marcher, to walk
le mari, husband
le marin, sailor
le marinier, waterman
la marraine, godmother
mars, March
le matelot, sailor
le matin, morning
matinal, (of the) early morning
la matinée, morning
la mâture, spars
maudire, to curse
le Maure, Moor
mauvais, bad, evil, wretched
les maux (*plur. of* **le mal**), woes, troubles
méchant, wicked, spiteful, naughty
mécontent, displeased
méditer, to meditate
meilleur, better; **le meilleur,** best
le mélange, mixture
mêler, to mix, mingle
même, same, self, very; even; **de même,** likewise; **tout de même,** all the same
menacer, to threaten
la ménagère, housewife, housekeeper
le mendiant, beggar, vagrant
mendier, to beg
mener, to take
le ménétrier, fiddler
le mensonge, lie, falsehood
la mer, sea; **en pleine mer,** in the open sea; **une grosse mer,** heavy sea
le mérite, merit
mériter, to deserve
la merveille, wonder, marvel; **à merveille,** marvellously
le messager, messenger
la messe, mass
à mesure que, (in proportion) as
le métier, trade, occupation
mettre, to put, to take (*time*); **se mettre à,** to start to; **se mettre en route,** to set off
les meubles (*m.*), furniture
la meule, rick, stack
je meurs (*pres. of* **mourir**), **I die** I am dying
meurtri, bruised
le meurtrier, murderer
la meute, pack (*of dogs*)
midi, midday, noon
ma mie, my dear

le mien (la mienne, *etc.*), mine
mieux, better; **aimer mieux,** to prefer
la migraine, (sick) headache
le milieu, middle
mille, (a) thousand
le milord, lord
la mine, mine
misérable, miserable, wretched
il mit (*p. hist. of* **mettre**), he put
la mode, fashion
moindre, smallest, slightest
moins, less, least; not so; **au moins,** at least; **à moins que,** unless; **pour le moins,** at least; **il n'en est pas moins . . .,** he is none the less. . . .
le mois, month
la moitié, half; **à moitié,** (by) half
mollement, softly, gently
le moment, moment; **par moments,** at times; **au moment où,** at the moment when, just as
le monde, world; **tout le monde,** everybody; **le grand monde,** (high) society; **le moins du monde,** in the least, the least bit
la monnaie, money; change
le monsieur, (the) gentleman
le mont, height, hill
la montagne, mountain, hill
monter, to rise, mount, go up, get in; **se monter à,** to amount to
la montre, watch
montrer, to show
se moquer de, to mock, ridicule, make fun of
le morceau, piece, bit, fragment
morne, gloomy
mort, dead; **le mort,** dead person; **la mort,** death
le mot, word
la mouche, fly
se moucher, to blow one's nose
le mouchoir, handkerchief
mouiller, to wet, moisten
le moulin, mill
mourir, to die
la mousse, moss
le mouton, sheep
le moyen, means, way
le mufle, muzzle, nose
mugissant, roaring
le mulet, mule
multicolore, many-coloured
muni de, provided with
le mur, wall
mûr, ripe
la muraille, wall
le museau, muzzle, nose

N

nager, to swim
le nageur, swimmer
le nain, dwarf
le navet, turnip
le navire, ship
navrant, heart-breaking
navré, full of sorrow
ne . . . plus, no longer; **ne . . . que,** only
la neige, snow
nettoyer, to clean
neuf, new
le nez, nose; **lever le nez,** to look up
ni . . . ni . . ., neither . . . nor. . . .
le nid, nest
Noël, Christmas
noir, black
le nom, name; **le petit nom,** Christian name
le nombre, number
nombreux, numerous
nommer, to name; **se nommer,** to be named
nourrir, to feed
la nourriture, food
nouveau (*f.* **nouvelle**), new; **de nouveau,** again, afresh; **le nouveau-venu,** newcomer
la nouvelle, piece of news; **les nouvelles,** news
se noyer, to drown, be drowned
nu, bare
le nuage, cloud
la nuée, rain-cloud
la nuit, night, dark, darkness
le numéro, number

O

obéir, to obey
l'obéissance (*f.*), obedience

obscur, dark, obscure, lowly
l'obscurité (*f.*), darkness
une occasion, opportunity, chance
occupé, occupied, busy
un œil (*plur.* **les yeux**), eye; **un coup d'œil**, glance
un œuf, egg
s'offenser, to be (get) offended
offert, offered
offrir, to offer
un oignon, onion
un oiseau, bird
ombrager, to shade, give shade to
une ombre, shadow, darkness, gloom
une ombrelle, sunshade
l'onde (*f.*), water
un ongle, finger-nail
opérer, to operate, work
opposer, to oppose
l'or (*m.*), gold
or, now
orageux, stormy, storm-tossed
un oranger, orange-tree
ordinaire, usual; **d'ordinaire**, usually
ordonner, to order
un ordre, order
une oreille, ear; **prêter l'oreille**, to listen attentively
orgueilleux, proud, 'stuck-up'
un os, bone
oser, to dare
un osselet, knuckle-bone
ôter, to take off, take from
oublier, to forget
un ours, bear
ouvert, open; **grand ouvert**, wide open
un ouvrage, work
ouvrer, to work, labour
un ouvrier, workman
ouvrir, to open

P

paf! crack!
la paille, straw
le pain, bread, loaf
la paire, pair
la paix, peace
le palais, palace
le palier, landing
pâlir, to turn pale
le panier, basket
pantelant, panting
la pantoufle, slipper
le pape, Pope
le papier, paper
le paquet, parcel, bundle
par, by, through; out of
paraître, to appear, seem, look
parbleu! why, of course! bless my soul!
parcourir, to go across
par-dessus, over
pardon! excuse me!
pareil (*f.* **pareille**), such, similar, like
la parenté, relationship
parfait, perfect
parfois, now and then
le parfum, perfume, scent
parler, to talk, speak
parmi, among
la parole, word, speech; **adresser la parole à**, to speak to
la part, share; **de la part de**, from; **nulle part**, nowhere
partir, to start (off), depart; **à partir de**, starting from
partout, everywhere, anywhere
parvenir, to succeed, manage
le pas, step, footstep, pace; **au pas**, at a walking pace; **au petit pas**, slowly; **un mauvais pas**, a bad fix; **revenir sur ses pas**, to retrace one's steps
le passager, passenger
passager, of passage
le passant, passer-by
passé, past
passer, to pass; to go by; to spend (*time*); **se passer**, to happen, take place
le passeur, ferryman
paternellement, paternally, in a fatherly way
la patrie, homeland
la patte, foot
la pâture, pasture
la paupière, eyelid
pauvre, poor
le pavillon, flag
payer, to pay (for)
le pays, country; district, part
le paysage, landscape

le paysan, peasant
la peau, skin, hide
le péché, sin
le pêcheur, fisherman
la peine, difficulty; **à peine,** hardly, scarcely
le peintre, painter
pêle-mêle, pell-mell, anyhow, topsy-turvy
le pèlerin, pilgrim
la pelle, shovel
pencher, to bend; **se pencher,** to lean forward, bend forward
pendant, during; **pendant que,** while
pendre, to hang
pendu, hanging
pénétrer, to enter, go into
la pensée, thought
penser, to think
la pente, slope; **en pente,** on the slope
la Pentecôte, Whitsuntide
percer, to pierce, come through
la perche, pole
le perchoir, perch
perdu, lost, wasted, waste
le père, father; **le père (Georgeot)**, old (Georgeot)
périr, to perish
permettre, to permit, allow; **se permettre de,** to take the liberty of
le perroquet, parrot
le personnage, personage, person
la personne, person; **personne + ne**, nobody
petit, small; **tout petit,** very small, tiny
pétrifié, petrified, stiff with fear
peu, little, few; **un peu,** a little, somewhat, just; **peu à peu,** little by little
le peuple, people
la peur, fear; **avoir peur,** to be afraid; **de peur que,** for fear that, lest
peut; il se peut, it is possible
peut-être, perhaps
la physionomie, face
la picorée, gathering, foraging
la pièce, room; **la pièce de monnaie,** coin
le pied, foot
le piège, trap, snare
la pierre, stone
pieux (*f.* **pieuse**), religious, pious
la pile, pile
les pinces, (*dentist's*) forceps
les pincettes, (pair of) tongs
pire (*adj.*), worse
pis (*adv.*), worse; **tant pis,** so much the worse
la piste, track, trail
le pistolet, pistol; **un coup de pistolet**, pistol shot
piteux, piteous, pitiful
la place, place; square; room; **faire place à,** to give way to
la plage, beach
se plaindre, to complain
la plaine, plain
plaire, to please
le plaisir, pleasure
le plat, dish
plat, flat; **à plat,** flat
la plate-bande, (flower-) bed
plein, full; open
pleurer, to cry, weep
en pleurs, weeping
pleuvoir, to rain
plier, to bend, give way
le plomb, lead; tin
le plongeon, dive
plonger, to plunge, dive
la pluie, rain
la plume, feather
la plupart, most
plus, more (*sometimes it means* no more)
plusieurs, several
il plut (*p. hist. of* **pleuvoir**), it rained
plût à Dieu, would to God
plutôt, rather
le pneu, tyre
la poche, pocket
le poids, weight
le poil, hair
point; ne . . . point, not (at all)
la pointe, point, toe (*of a boot*)
la poire, pear
le poisson, fish
la poitrine, breast
polir, to polish

la pomme, apple; **la pomme de terre**, potato
le pommier, apple-tree
le pompier, fireman
pondre, to lay (*eggs*)
le pont, bridge; (*of a ship*) deck
le port, port, harbour, haven
la porte, door, gate
porter, to carry, bear, wear; to take
la portière, door (*of a conveyance*)
poser, to put, place, stand; to ask (*a question*)
posséder, to possess
possible, possible; **faire tout son possible**, to do all one can
le postillon, postillion
le potager, kitchen garden
le potiron, large pumpkin
la poudre, powder; **la poudre à canon**, gunpowder
le poulailler, hen-roost, hen-house
le poulet, chicken
la poupée, doll
pour, for; **pour que** (+ *subj.*), in order that
pourpre, crimson
pourquoi? why? **pourquoi faire**? what for?
il pourra (*fut. of* **pouvoir**), he will be able
la poursuite, pursuit, chase, hunt
poursuivre, to pursue, chase; to go on
pourtant, however, yet
pourvu que (+ *subj.*), provided that, if only
pousser, to push (forward); to urge on; to utter; to grow
la poussière, powder, dust
pouvoir, to be able
la prairie, meadow
pratiqué, made, cut
le pré, meadow
la précaution, precaution; **avec précaution**, cautiously
précéder, to precede, herald
précipiter, to throw (headlong), hurl; **se précipiter**, to rush
le préjugé, prejudice
premier (*f.* **première**), first
prendre, to take
se préparer à, to prepare for, get ready for
près (de), near (to, by); **de près**, at close quarters; **à peu près**, almost, nearly, pretty well
le présent, present; **à présent**, at present, now
présenter, to introduce; **se présenter**, to present oneself; **se faire présenter**, to get oneself introduced
presque, almost, nearly
pressé, pressed, in a hurry
presser, to press
prêt, ready
prétendre, to claim; to assert; to aspire, intend
prêter, to lend; **prêter l'oreille**, to listen intently
le prétexte, pretext
le prêtre, priest
prévenir, to inform, warn
prier, to pray (to), beg
la prière, prayer
les primeurs (*m.*), early vegetables
le prix, price, value
proche, near, close at hand
produire, to produce
le produit, product
profiter de, to profit by, take advantage of
profond, profound, deep
la profondeur, depth
la promenade, walk, walking
promener, to take, lead; **se promener**, to walk, go about
le promeneur, person out walking, rambler
la promptitude, quickness
à propos de, concerning, about
propre, own
le propriétaire, owner
la protection, assistance, patronage
protéger, to protect, aid
prouver, to prove
la province, the provinces
provoquer, to provoke
la prudence, prudence
prudent, prudent, wise
pu (*past p. of* **pouvoir**), been able
publier, to publish, give out, announce
puis, then
je puis, I can (may)
puisque, since, seeing that

puissiez-vous (être), may you (be)
punir, to punish

Q

le quai, quay, wharf, embankment; (*railway*) platform
la qualité, quality, capacity
quand, when
quant à, as for
le quart, quarter
quelconque, of some sort
quelque (*adj.*), some; (*adv.*) however
quelquefois, sometimes
quelques, some, a few
quelqu'un, somebody
la querelle, quarrel
se quereller, to quarrel
le querelleur, quarreller, adversary
questionner, to question
quitter, to leave
quoi, what; **de quoi**, wherewithal
quoique, although

R

la race, race, fine breed
raconter, to relate, tell
la raison, reason; **avoir raison**, to be right; **mettre à la raison**, to bring to the senses
râlant, groaning out one's life
ralentir, to slow down, check
ramasser, to pick up
ramener, to bring back
la ramure, boughs
rangés, grouped
ranimer, to revive, bring round
rappeler, to recall, bring to mind; **se rappeler**, to remember
le rapport, report
rapporter, to bring (take) back
rapprendre, to learn again
se rapprocher (de), to approach, draw near, close in
raser, to hug, keep close to
rassasié, well filled, sated
se rassembler, to assemble, collect
rattraper, to overtake
ravagé, ravaged, pillaged
ravi, delighted, thrilled
le ravin, ravine, dell
le rayon, ray, beam
recevoir, to receive
se réchauffer, to warm oneself, get warm
rechercher, to search
le récit, tale, story
réclamer, to call for
la recommandation, advice, instruction
reconduire, to take back, take home
la reconnaissance, gratitude
reconnaître, to recognize
reçu (*past p. of* **recevoir**), received
recueilli, meditative
reculer, to recoil, retreat
redire, to re-tell, tell again
redoubler, to redouble
redoutable, redoubtable, to be feared
réellement, really
refermer, to close again, reclose
réfléchir, to reflect; think over
se refléter, to be reflected, mirrored
se réfugier, to take refuge
regagner, to regain, go (get) back to
le regard, glance; **nos regards**, our eyes
regarder, to look at, watch; to concern
régner, to reign
regretter, to regret, be sorry
la reine, queen
rejoindre, to join
relever, to raise (lift) up, pick up
remarquer, to notice
remercier, to thank
remettre, to hand over
remonter, to go up
remplacer, to replace, substitute
remplir, to fill
le remue-ménage, bustle
le renard, fox
la rencontre, encounter, meeting; **à sa rencontre**, to meet him
rencontrer, to meet, encounter
le rendez-vous, meeting, rendezvous
rendre, to render, give back; **rendre visite (à)**, to call upon; **se rendre**, to go

le renom, renown
renouveler, to renew
renseigner, to inform, tell
rentrer, to come (go) in; to go (come) home; to bring in
renverser, to overturn, upset, knock down
reparaître, to re-appear
repartir, to go away again, set off again
le repas, meal
repasser, to whet, rub
répéter, to repeat
replanter, to replant
la réplique, reply, retort
répliquer, to reply
répondre, to answer, reply
le repos, rest
reposer, to lie, rest; **se reposer**, to rest
repousser, to repel, ward off
reprendre, to take back; to resume, go on
représenter, to represent, point out
résolu, resolved
respirer, to breathe, inhale
ressemblant, alike, similar
le ressort, spring, works
le reste, rest; vestige, remnant; **du reste**, for the rest
rester, to stay, remain; to stand
le résultat, result
le résumé, résumé, summary
en retard, late
retenir, to keep, hold back; to secure, to remember
retentir, to resound
retirer, to draw (pull) out; **se retirer**, to withdraw
retomber, to fall back; to hang over
le retour, return
retourner, to return, go back; **se retourner**, to turn (look) round
retrouver, to find again, come across
réunir, to unite, bring together, collect
réussir, to succeed
la revanche, revenge; **en revanche**, on the other hand
le rêve, dream
le réveil, awakening
réveiller, to waken, wake up
révéler, to reveal
revenir, to come back, return; **revenir de**, to recover from; **revenir à soi(-même)**, to come to one's senses
le réverbère, street lamp
je reverrai (*fut. of* **revoir**), I shall see once more
le rez-de-chaussée, ground floor
riant, laughing
la richesse, wealth
le ricochet, ricochet; (*water*) skim
le rideau, curtain
rien (+ **ne**), nothing
rire, to laugh; **le rire**, laughter
risible, laughable
le rivage, shore
la rive, bank, shore
la rivière, river
la robe, dress
la roche, rock
le rocher, rock
le roi, king
le rôle, part, role
le roman, novel
rompre, to break, snap
la ronce, bramble
ronde, round
la ronde, round
ronger, to gnaw; to rot
rosé, rosy, pink
le roseau, rush
la rosée, dew
le rôti, roast
la rotule, knee-cap
la roue, wheel; paddle-wheel
le rouet, spinning-wheel
rouler, to roll, go along, travel; to sweep along
la route, (main) road, highway; **se mettre en route**, to set off
la ruche à miel, honey-hive
rudement, heavily
la rue, street, road
le ruisseau, brook
ruminant, ruminating, which chews the cud
ruminer, to ruminate, chew the cud
rythmé par, in time (rhythm) with

S

le sable, sand; gravel
sablé, gravelled; (of) gravel
le sabot, clog
le sabre, sabre
le sac, bag; **le sac à ouvrage**, work-bag
sachant (*pres. p. of* **savoir**), knowing
il sache (*pres. subj. of* **savoir**), he may know
sacré, sacred
sacrebleu! by gad!
sage, good, well-behaved
la sagesse, goodness; innocence
saisir, to seize, grip
la saison, season
sale, dirty, filthy
salir, to soil
la salle, (living) room; **la salle à manger**, dining-room; **la salle de bains**, bathroom
le salon, drawing-room; (*of a ship*) saloon
salut! hail! greeting!
le sang, (life-) blood
le sanglot, sob
sans, without
le sansonnet, starling
la santé, health
le sapin, fir (-tree)
satisfaire, to satisfy
le saule, willow
je saurai (*fut. of* **savoir**), I shall know; **je ne saurais**, I cannot
le saut, jump, leap
sauter, to jump; to explode
sauvage, wild; **le sauvage**, savage, man from the back-woods
sauver, to save; **se sauver**, to run away, decamp
le sauvetage, rescue
le sauveur, rescuer
savant, performing
la saveur, savour, relish
savoir, to know (how), to get to know; **le savoir**, knowledge
le scélérat, scoundrel
scier, to saw
le sculpteur, carver
la sculpture, carving
le seau, pail, bucket
sec (*f.* **sèche**), dry, dried
sécher, to dry
secouer, to shake (off)
secourir, to help
le secours, help; **au secours!** help!
le seigneur, lord
le sein, breast
le séjour, stay; living
seller, to saddle
selon, according to
la semaine, week
semblable, similar, such
semblant; faire semblant (de), to pretend (to)
sembler, to seem
le sens, sense
le sentier, path, pathway
le sentiment, feeling
sentir, to feel; to smell (of)
se séparer, to part
sérieux, serious, earnest
le serment, oath, solemn promise
la serre, greenhouse
serrer, to grip, clasp; **se serrer la main**, to shake hands
il sert (*pres. of* **servir**), he serves
la servante, servant
servir, to serve; **servir de**, to serve as; **se servir de**, to use, make use of; **à quoi sert-il . . .** what is the use (purpose) . . .
si, if; yes; however
le siège, seat
le sien, his, hers
le sifflement, blast, hoot
siffler, to whistle
le sifflet, whistle; **un coup de sifflet**, a whistle, a blast of a whistle
le signe, sign; **faire signe**, to beckon
se signer, to cross oneself, make the sign of the cross
simplement, simply; **tout simplement**, (just) simply
singulier, singular, curious, strange
sinon, except
la sirène, hooter, horn
la société, company, people
la sœur, sister
le soin, care
le soir, evening
la soirée, evening; party

il soit (*pres. subj. of* **être**), he is, he may be; **soit!** very well!
le sol, ground
le soldat, soldier
le soleil, sun
solide, strong, firm
sombre, dark (-coloured)
la somme, sum
le sommeil, sleep
le sommet, top
le son, sound, notes, ringing
le songe, dream
songer, to dream, think
sonner, to ring (the bell), ring for
le sort, lot, fate
la sorte, kind, sort; **de sorte que**, so that
sortir, to go (come) out; to poke out
le sou, penny, copper
le souci, care, trouble
soudain, suddenly
souffrir, to suffer
soulever, to raise, lift
le soulier, shoe
soupçonner, to suspect
souper, to sup, eat supper
la source, spring
le sourcil, eyebrow; **froncer le sourcil**, to frown
sourd, deaf; dull, low
sourire, to smile; **le sourire**, smile
sous, under, beneath
soutenir, to hold (keep) up, support
se souvenir de, to remember; **le souvenir**, memory, recollection
souvent, often
soyez (*imper. of* **être**), be
le spectacle, play, theatre
stérile, barren
subitement, suddenly
le suc, juice, sap, goodness
la suite, continuation, what follows; **tout de suite**, at once
suivant, next, following
suivre, to follow
le sujet, subject; **au sujet de**, about; **à ce sujet**, in this connection
supplier, to implore
sûr, sure, safe
surprenant, surprising
surprendre, to surprise; to come upon
surtout, especially

T

le tabac, tobacco; **le bureau de tabac**, tobacconist's
la table, table; **se mettre à table**, to sit down to table
le tableau, picture
le tablier, apron
la tache, patch
tacher, to stain
tâcher, to try
la taille, stature, figure; waist
tailler, to hew out
se taire, to be silent, keep quiet
le tambour, drum
tamisé, filtered
tandis que, whilst
tant, so much (many); so; **tant que**, so long as
la tante, aunt
tantôt . . . tantôt, sometimes . . . sometimes . . .; now . . . now . . .
le tapage, noise, row, uproar
le tapis, carpet
tard, late
le tas, heap
il teignit (*p. hist. of* **teindre**, to tinge, dye)
la teinte, tint, hue
tel (*f.* **telle**), such; such and such
tellement, so, to such a degree
témoigner, to show, give away
le témoin, witness
la tempête, storm
le temps, time; weather; **de mon temps**, in my time (day); **en même temps**, at the same time; **de temps en temps**, from time to time
tendre, to hold out; (*a bow*) to bend
les ténèbres (*f.*), gloom
tenir, to hold; **se tenir (debout)**, to stand
tentant, tempting
tenter, to attempt
terminer, to finish, end
le terrain, ground

la terre, earth; ground; **par terre**, on the ground; **à terre**, to (on) the ground
la terreur, terror
la tête, head; **lever la tête**, to look up
tiens! here!
il tient (*pres. of* **tenir**), he holds
timide, shy
tinter, to ring
le tirailleur, rifleman
tirer, to pull, draw, take out; to shoot, fire
le tison, brand
la toile, canvas
le toit, roof
la tombée de la nuit, nightfall
tomber, to fall; **laisser tomber**, to drop
le ton, tone
le tonneau, barrel
la tonnelle, arbour
tordre, to wring
le tort, wrong; **avoir tort**, to be wrong
tôt, early, soon
toujours, always, still; all the same; **comme toujours**, as usual
le tour, turn, trick; **tour à tour**, by turns; **faire le tour**, to go round
la tour, tower
le tourbillon, eddy, billow
tourbillonner, to eddy; to fly in a cloud
la tourmente, turmoil
tourmenter, to torment; **se tourmenter**, to get worried
tournant, winding
tourner, to turn, go round; **se tourner vers**, to turn towards; **tourner sur soi-même**, to swing round
tournoyer, to turn, swing round
tout, all; any
toutefois, however, nevertheless
trahir, to betray
traîner, to drag
le traitement, treatment
traiter, to treat
tranquille, quiet
transporter, to carry
le travail, work
travailler, to work
à travers, through, across
la traversée, crossing, voyage
traverser, to cross, pass through
trébucher, to stumble
se trémousser, to bustle about
le trésor, treasure
le tressaut, leap, jump
la trêve, truce, respite; **sans trêve**, ceaselessly
triste, sad
la tristesse, sadness
se tromper, to be mistaken, make a mistake
le tronc, trunk
le trône, throne
trop, too much (many)
le trot, trot; **au grand trot**, at full trot
le trou, hole
le trouble, confusion
trouer, to pierce
la troupe, troop, band, contingent
le troupeau, flock
le trousseau, trousseau, outfit
la trouvaille, find
trouver, to find; **se trouver**, to be (found)
tuer, to kill
le turco, Turco
tutoyer, to address a person as **tu**; to speak familiarly to

U

unique, only, one and only
usé, worn, threadbare

V

il va, he goes; **il y va de . . .** there is concerned . . .
la vache, cow
vagabond, wandering
vagir, to wail
la vague, wave
vague, faint
vaguer, to wander, roam
vaincre, to overcome, vanquish
la vaisselle, crockery
la valeur, value
valser, to waltz
le valseur, partner

la vapeur, mist
vaste, very large, broad
va-t'en, go away
il vaudrait mieux, it would be better
la veille, the day before
veiller, to watch, keep watch
vendre, to sell
venir, to come; **venir de (faire)**, to have just (done); **venir à (faire)**, to happen to (do); **en venir à bout**, to succeed, manage
le vent, wind; **en plein vent**, in the open (air)
verdâtre, greenish
je verrai (*fut. of* **voir**), I shall see
le verre, glass
le verrou, bolt
le vers, verse, line (*of poetry*); **les vers**, poetry
vers, towards
à verse, in torrents
verser, to pour
vert, green
le vestibule, (entrance) hall
le vêtement, garment; **les vêtements**, clothes
le veuf, widower
la veuve, widow
la viande, meat
vide, empty
vider, to empty
la vie, life; **gagner sa vie**, to earn one's living
vieille (*f. of* **vieux**), old
vieilli, aged, grown old
vieillir, to grow old, reach old age
vieux, old
vif (*f.* **vive**), bright, keen; living; running
la vigne, vine
la vigueur, vigour, energy
vilain, ugly, nasty, unpleasant; wretched
la villa, villa
le vin, wine; **le marchand de vin**, tavern keeper
la vingtaine, (about) twenty, a score
il vint (*p. hist. of* **venir**), he came
violemment, violently
le visage, face
viser, to aim
la visite, visit; **rendre visite à**, to call upon, pay a visit to
visiter, to visit; to inspect
il vit (*p. hist. of* **voir**), he saw
vite, quickly
la vitesse, speed
le vitrail (*plur.* **les vitraux**), stained glass windows
la vitre, (window) pane
vivant, alive, living
vive (*f. of* **vif**)
vivement, quickly
vivre, to live
voici, here is (are)
je voie (*pres. subj. of* **voir**); **que je voie**, let me see
voilà, there (here) is (are); **me voilà!** here I am!
la voile, sail
voilé, veiled
voir, to see; **faire voir**, to show
le voisin (*f.* **la voisine**), neighbour
voisin, close, near
le voisinage, neighbourhood
la voiture, carriage, vehicle, car
le voiturier, carter, carrier
la voix, voice
le vol, theft
le volcan, volcano
voler, (1) to fly; (2) to steal
le volet, shutter
le voleur, thief, robber
voleur (*adj.*), thieving
volontairement, voluntarily, of one's own free will
voltiger, to flit
vomir, to belch forth
vouloir, to wish, want; **vouloir dire**, to mean
le voyage, journey, travel
voyager, to travel
le voyageur (*f.* **la voyageuse**), traveller, passenger
voyant, seeing
vrai, true, right
vraiment, really, indeed
vu (*past p. of* **voir**), seen
la vue, sight

Y

les yeux (*plur. of* **l'œil**, *m.*), eyes; **lever les yeux**, to look up

ENGLISH–FRENCH

A

able, to be, pouvoir
about, (=*approximately*) environ; (=*concerning*) au sujet de; **at about 2 o'clock,** vers deux heures; **to be about to (do),** être sur le point de (faire), aller (faire)
abroad, à l'étranger
to accept, accepter
accident, un accident
to accompany, accompagner
across, à travers
address, une adresse
adorable, adorable
to advance, s'avancer
adventure, une aventure
to advise, conseiller
Africa, l'Afrique (*f.*)
afraid, to be, avoir peur
after(wards), après; (=*at the end of*) au bout de; **the day after,** le lendemain; **afternoon,** un(e) après-midi
again, encore, de nouveau
ago; (a month) ago, il y a (un mois)
all, (*sing.*) tout, toute; (*plur.*) tous, toutes; **not at all,** pas du tout
to allow, permettre, laisser
alone, (tout) seul
along, le long de
already, déjà
also, aussi
although, bien que (*or* quoique) + *subj*
always, toujours
America, l'Amérique (*f.*)
American, un Américain
among, parmi
to amuse, amuser
amusing, amusant
animal, un animal (*plur.* des animaux); la bête
to announce, annoncer
another, un(e) autre
answer, la réponse
to answer, répondre
anything, quelque chose; **not anything,** ne . . . rien
to appear, paraître, apparaître
apple, la pomme; **apple-tree,** le pommier
to approach, s'approcher (de)
arm-chair, le fauteuil
armed, armé
to arrest, arrêter
arrival, une arrivée
to arrive, arriver
to ask (for), demander; (*a question*) poser
asleep, to be, dormir
astonished, to be, s'étonner
astonishment, l'étonnement (*m.*)
to attend, (=*be present*) assister (à)
attention, to pay, faire attention
August, août
aunt, la tante; **auntie,** ma tante
Australia, l'Australie (*f.*)
autumn, l'automne (*m.*); **in autumn,** en automne
awful, affreux, effroyable

B

back, le dos
bad, mauvais
bag, le sac
ball, la balle
bang! pan!
bank, le bord, la rive
to bark, aboyer
barn, la grange
barrel, le canon
basket, le panier
bat, la chauve-souris
to bathe, se baigner; **a bathe,** un bain
bather, le baigneur, (*f.*) la baigneuse
beach, la plage
to beat, battre
beautiful, beau (*f.* belle)
to become, devenir
bed, le lit; **in bed,** au lit; **to go to bed,** se coucher
bedroom, la chambre (à coucher)
before, (*time or order*) avant; **before (doing),** avant de (faire)

to beg, (=*to ask politely*) prier
beggar, le mendiant
to begin (to), commencer (à), se mettre (à)
behind, derrière
to belong, appartenir
below, en bas
to bend down, se baisser, se pencher
beside, à côté de, auprès de
besides, d'ailleurs
best, (*adj.*) le meilleur; (*adv.*) le mieux;
to do one's best, faire de son mieux
better, (*adj.*) meilleur; (*adv.*) mieux; **it is better to (do)**, il vaut mieux (faire); **to be better** (*in health*), aller mieux
between, entre
bicycle, la bicyclette
big, gros (*f.* grosse), grand
bird, un oiseau
to bite, mordre
black, noir
blackberry, la mûre sauvage
blue, bleu
boat, le bateau
book, le livre
to book, (*a room, a seat*) retenir
boot, la bottine, le soulier
bored, to be, s'ennuyer
born, to be, naître; **I was born**, je suis né(e)
to borrow, emprunter
both, tous (les) deux
to bother, déranger
bottle, la bouteille
bottom, le fond
box, la boîte
boy, le garçon, l'enfant
branch, la branche
bread, le pain
to breathe, respirer
bridge, le pont
bright, clair
to bring, (*a thing*) apporter; (*a person*) amener; **to bring back**, rapporter
brook, le ruisseau
brother, le frère; **brother-in-law**, le beau-frère
brown, brun
to build, bâtir, construire
burglar, le cambrioleur
to burn, brûler
bus, un autobus; **by bus**, en autobus
bush, le buisson
busy (doing), occupé à (faire)
but, mais
butter, le beurre
to buy, acheter
by (=*near*), près de

C

cabbage, le chou (*plur.* les choux)
café, le café
cake, le gâteau
to calculate, calculer
calf, le veau
to call, appeler; **to call back**, rappeler
calm, calme
calmly, tranquillement
camel, le chameau
captain, le capitaine
car, une auto, une automobile
card, la carte; **to play cards**, jouer aux cartes
care, le soin; **to take care**, avoir soin
carefully, soigneusement, avec soin
caretaker, le concierge
to carry, porter; **to carry off**, emporter
cartridge, la cartouche
case, (=*suitcase*) la valise; (=*chest*) la caisse
cat, le chat
to catch, attraper; (*a train*) prendre
cave, la caverne
to cease (doing), cesser de (faire)
cellar, la cave
certain, certain
chair, la chaise
charming, charmant
to chat, causer, bavarder
chauffeur, le chauffeur
cheese, le fromage
chief, le chef
child, un(e) enfant
to chop, couper
Christmas, Noël
church, une église
cider, le cidre
cinema, le cinéma
city, la ville

class, la classe
classroom, la (salle de) classe
clean, propre (*placed after noun*)
to clean, nettoyer
clear, clair
clerk, un employé
cliff, la falaise
to climb, (=*to clamber up*) grimper sur (*or* dans); (=*to walk up*) gravir
clock, (*big*) une horloge; (*small*) la pendule
close, près (de); **quite close,** tout près
to close, fermer; **to close again,** refermer
clothes, les vêtements (*m.*)
cloud, le nuage
cloudless, sans nuage, pur
coal, le charbon, la houille
coast, la côte
coat, (*woman's*) le manteau
coffee, le café
coin, la pièce
cold, froid; **to be cold** (*person*), avoir froid
to collect, collectionner
to come, venir; **to come back,** revenir; **to come down,** descendre; **to come home,** revenir (rentrer) à la maison; **to come in,** entrer; **to come out,** sortir; **to come up,** monter; **to come up to,** s'approcher (de)
comfortable, confortable
complaint, la maladie
concert, le concert
to consent, consentir
to contain, contenir
contrary, contraire; **on the contrary,** au contraire
corn, le blé
corner, le coin
correctly, correctement
to cost, coûter
cottage, la petite maison, la chaumière
to count, compter
country, le pays; (=*countryside*) la campagne; **in(to) the country,** à la campagne
courage, le courage
of course, bien entendu, naturellement
cousin, le cousin, la cousine
covered with, couvert de
cow, la vache
creature, la bête
to cross, (*two things*) croiser; (=*go across*) traverser
crowd, la foule
to cry, pleurer; (=*to exclaim*) crier, s'écrier
cuff, la gifle
cup, la tasse
cupboard, une armoire
to cure, guérir
curiously, curieusement
Customs-officer (-man), le douanier
to cut, couper; **to cut down,** couper, abattre
to cycle, aller à bicyclette

D

dance, le bal (*plur.* les bals)
danger, le danger
to dare, oser
to dash, s'élancer
day, le jour; **(the) next day,** le lendemain
dead, mort
dear, cher (*f.* chère)
death, la mort
to decide (to), décider (de)
deeply, profondément
to depart, partir
departure, le départ
to deserve (to), mériter (de)
desire, le désir
to desire, désirer
desk, le bureau, le pupitre
devoted, dévoué
to die, mourir
difficult, difficile
to dine, dîner
dinner, le dîner
dirty, sale
to disappear, disparaître
discouraged, to be, se décourager
to discover, découvrir
to disembark, débarquer
to dismount, descendre de cheval, mettre pied à terre
distance, la distance; **in the distance,** au loin

to **disturb**, déranger
to **dive**, plonger
to **do**, faire
doctor, le médecin; (*title*) docteur
dog, le chien
domestic, domestique
door, la porte
dormitory, le dortoir
down, to go, descendre
downstairs, en bas
dozen, la douzaine
to **draw**, tirer; **to draw out**, retirer
drawing, le dessin
dress, la robe
to **dress**, s'habiller; **dressed in**, habillé de
dressing-table, la table de toilette
to **drink**, boire
to **drive**, conduire
to **drop**, laisser tomber
drowned, to be, se noyer
during, pendant
to **dust**, épousseter

E

each, (*adj.*) chaque; **each (one)**, chacun(e)
ear, une oreille
early, de bonne heure; **earlier**, plus tôt
to **earn**, gagner
Easter, Pâques; **Easter holidays**, les vacances de Pâques
elsewhere, ailleurs
to **encourage**, encourager
end, (*=finish*) la fin; (*of a thing*), le bout
England, l'Angleterre (*f.*)
English, anglais; (*language*) l'anglais
to **enjoy**, jouir de; **to enjoy oneself**, s'amuser
enormous, énorme
enough, assez (de)
to **enter**, entrer
episode, un épisode
to **escape**, échapper
especially, surtout
estate, la propriété
even, même
evening, le soir; **to say good evening**, dire bonsoir
ever, jamais
every, chaque; **every day**, tous les jours
everybody, tout le monde
everything, tout
everywhere, partout
evident, évident; **evidently**, évidemment
exactly, exactement
to **examine**, examiner, visiter
excellent, excellent
to **exclaim**, s'écrier
excursion, une excursion
to **excuse**, excuser
exit, la sortie
to **expect**, s'attendre à
to **explain**, expliquer
to **expose**, exposer
eye, un œil (*plur.* des yeux)

F

face, le visage, la figure
fair, (*of persons*) blond
fair, la foire
fairly, assez
to **fall**, tomber
familiar, familier
family, la famille
far, loin; **as far as**, jusqu'à
farm, la ferme; **farm-yard**, la cour (de ferme)
farmer, le fermier
farthing, le sou
fast, vite
father, le père
to **fear**, avoir peur (de), craindre
fellow; **old fellow**, le bonhomme
to **fetch** (*or* **go and fetch**), aller chercher
a **few**, quelques
fiancé, le fiancé
field, (*tilled*) le champ
to **fight**, se battre
film, le film
finally, enfin
to **find**, trouver; **to find again**, retrouver
fine, beau (*f.* belle)
finger, le doigt
to **finish**, finir, terminer
fire, le feu
first, premier (*f.* première); **first of all**, d'abord

fish, le poisson
to **fish**, pêcher
fisherman, le pêcheur
florist, le fleuriste; **the florist's**, chez le fleuriste
to **flow**, couler
flower, la fleur
to **fly**, voler: **to fly away**, s'envoler
foggy, it is, il fait du brouillard
to **fold**, plier
to **follow**, suivre
fond; **to be (very) fond of**, aimer beaucoup
foot, le pied; **on foot**, à pied
football, le football; **to play football**, jouer au football
footstep, le pas
for, (*conj.*) car; (*prep.*) pour; (=*during*) pendant
to **forbid**, défendre
to **forget** (**to**), oublier (de)
formerly, autrefois
fortnight, quinze jours; une quinzaine (de jours)
fortune, la fortune; **to make one's fortune**, faire fortune
fox, le renard
franc, le franc
France, la France
to **free**, libérer
to **freeze**, geler; **it freezes**, il gèle
Frenchwoman, la Française
friend, un(e) ami(e)
to **frighten**, effrayer, faire peur
in **front of**, devant
fruit, le fruit; **fruit-tree**, un (arbre) fruitier
fruiterer, le fruitier; **the fruiterer's**, chez le fruitier, la fruiterie
fun; **to make fun of**, se moquer de
furniture, les meubles (*m.*)

G

gaily, gaiement
game-keeper, le garde-chasse
garage, le garage
garden, le jardin
gate, la porte
to **gather**, cueillir
gay, gai
gentleman, le monsieur
German, un Allemand; (*language*) l'allemand
to **get**, chercher; **to go and get**, aller chercher; **to get up**, se lever; **to get up again**, se relever; **to get in** (*a conveyance*), monter; **to get out** (*of a conveyance*), descendre
gipsy-woman, la bohémienne
girl, la jeune fille
to **give**, donner; **to give back**, rendre; **to give away** (=*betray*), dénoncer
glad, content
glass, le verre
glove, le gant
to **go**, aller; (=*to start off*) partir; **to go away (off)**, s'en aller, partir; **to go back**, retourner; **to go back into**, rentrer (dans); **to go by**, passer; **to go down**, descendre; **to go in**, entrer; **to go on** (=*continue*), continuer; **to go out**, sortir; **to go through**, traverser; **to go up**, monter; **to go up to**, s'approcher (de)
gold, l'or (*m.*)
good! bon!
good-bye, au revoir; **to say good-bye**, faire ses adieux
goods, la marchandise
gorge, la gorge
to **gossip**, bavarder
grandfather, le grand-père
grandmother, la grand'mère
grandson, le petit-fils
grass, l'herbe (*f.*)
grey, gris
grocer's (shop), l'épicerie (*f.*), chez l'épicier
ground, la terre
group, le groupe
growing, croissant, grandissant
to **grumble at**, gronder
to **guess**, deviner
gun, le fusil

H

hair, les cheveux (*m.*)
half, la moitié; **half an hour**, une demi-heure
hall (=*entrance hall*), le vestibule; (=*mansion*) le château

ham, le jambon
hand, la main; **in one's hand**, à la main
handbag, le sac à main
hankerchief le mouchoir
handsome, beau (*f.* belle)
to **happen**, arriver, se passer
happy, heureux
harbour, le port
hard, dur; **to work hard**, travailler ferme (dur); **to look hard at**, regarder fixement
hardly, à peine, ne . . . guère
hare, le lièvre
to **hasten** (**to**), se dépêcher (de), se hâter (de), s'empresser (de)
hat, le chapeau
to **have**, avoir
head, la tête
headmaster, le directeur
health, la santé
to **hear**, entendre
heavy, lourd
hedge, la haie
to **help**, aider; **help!** au secours!
here, ici; **here is** (**are**), voici
to **hesitate** (**to**), hésiter (à)
to **hide**, cacher
high, haut
hill, la colline
history, l'histoire (*f.*)
to **hit**, frapper
to **hold**, tenir
hole, le trou
holidays, les vacances (*f.*)
at **home**, à la maison, chez moi (nous, etc.); **to come home**, rentrer, revenir à la maison; **to go home**, rentrer (chez moi); **to get home**, arriver à la maison, rentrer (chez moi)
homework, les devoirs (*m.*)
honest, honnête
to **hope**, espérer
horribly, horriblement
horse, le cheval; **on horseback**, à cheval
horse-chestnut, le marron
hospital, un hôpital
hot, chaud
hotel, un hôtel
hour, une heure; **half an hour**, une demi-heure
house, la maison
however, cependant
huge, vaste
hundred, cent; **hundred-franc note**, le billet de cent francs
hungry, to be, avoir faim
hunter, le chasseur
to **hurry**, se hâter; **to be in a hurry**, être pressé
to **hurt**, faire mal
husband, le mari
hut, la hutte, la cabane
hutch, le clapier

I

ill, malade
impatiently, avec impatience
in, dans
inclined, to feel, avoir envie (de)
individual, un individu
inn, une auberge
instant, un instant
instead of, au lieu de
interesting, intéressant
to **interrupt**, interrompre
invisible, invisible
to **invite**, inviter
island, une île
Italy, l'Italie (*f.*)

J

January, janvier
jealous, jaloux (*f.* jalouse)
jewel, le bijou (*plur.* les bijoux)
to **join**, rejoindre
journey, le voyage
July, juillet
to **jump**, sauter
June, juin
just; **I have just (done)**, je viens de (faire); **I had just (done)**, je venais de (faire); **just as**, au moment (à l'instant) où

K

to **keep**, garder
key, la clef
to **kill**, tuer
kind, bon; aimable, bienveillant
king, le roi
to **kiss**, embrasser
kitchen, la cuisine
knapsack, le sac

knife, le couteau
to **knock**, frapper; **to knock down**, renverser
to **know**, savoir; (*acquaintance*) connaître

L

lad, le garçon, le gars
ladder, une échelle
lady, la dame
lamb, un agneau
lamp, la lampe
land, la terre; **on land**, sur terre
lane, le petit chemin
language, la langue
large, grand
last, dernier (*f.* dernière); **last night** (=*evening*), hier soir; **at last**, enfin
late, tard; **later**, plus tard; **late** (=*after time*), en retard
latter, the, celui-ci (celle-ci)
to **laugh**, rire
lawn, la pelouse
lazy, paresseux
to **lead**, mener, conduire
to **leap**, bondir
to **learn**, apprendre
to **leave**, laisser; (*a place*), quitter; (=*to start off*) partir
left, gauche; **to (on) the left**, à gauche
leg, la jambe
lemonade, la limonade
to **lend**, prêter
less, moins (de)
to **let**, laisser
letter, la lettre
library, la bibliothèque
to **lie down**, se coucher, s'étendre
life, la vie
light, la lumière
light (*adj.*), léger; (*of colour*) clair
to **light**, allumer; **to light a fire**, allumer du feu
to **like**, aimer
like, comme; **what is he like?** comment est-il? **to be like**, ressembler (à)
to **line**, border
to **listen to**, écouter
little, (*adj.*) petit; (*adv.*) peu (de); **a little**, un peu (de)
to **live**, vivre; habiter, demeurer; **to live in (London)**, habiter (Londres)
to **load**, charger
to **lock**, fermer à clef
London, Londres
lonely, solitaire
long, long (*f.* longue); (=*a long time*) longtemps; **no longer**, ne . . . plus
to **look (at)**, regarder; **to look for**, chercher; **to look out of**, regarder par; **to look round**, se retourner; **to look up**, lever les yeux (*or* la tête); **to look** (=*to seem, appear*), avoir l'air
to **loose**, lâcher
lord, le seigneur
to **lose**, perdre
a **lot of**, beaucoup de
to **love**, aimer
lovely, beau (*f.* belle), admirable
luggage, les bagages (*m.*)
lunch, le déjeuner; **to lunch, have lunch**, déjeuner

M

madam, madame
Madrid, Madrid
magazine, le magazine
maid, la bonne
main road, la route
to **make**, faire; **to make for (towards)**, se diriger vers
man, un homme
manager, le directeur
mantelpiece, la cheminée
many, beaucoup (de); **so many**, tant (de); **as many**, autant (de)
March, mars
mark, la note
market, le marché
Marseilles, Marseille
Martha, Marthe
master, le professeur, le maître
mathematics, les mathématiques (*f.*)
matter; **what is the matter?** qu'y a-t-il? **what is the matter with you?** qu'avez-vous?
meadow, le pré, la prairie
meal, le repas

to mean, vouloir dire
measure, la mesure; **to measure**, mesurer
meat, la viande
to meet, rencontrer
merchant, le marchand
metre, le mètre
midday, midi
middle, le milieu
midnight, minuit
might; with all one's might, de toutes ses forces
mile, le mille
mine, le mien (la mienne, etc.); **a friend of mine**, un de mes amis
minute, la minute
mirror, la glace
Miss, mademoiselle
to miss, manquer
mistaken, to be, se tromper
mistress, la maîtresse
misty, it is, il fait du brouillard
moment, un instant
money, l'argent (*m.*)
month, le mois
moon, la lune
more, plus (de); **no more** (**not any more**), ne . . . plus
morning, le matin; **good morning**, bonjour; (**the**) **next morning**, le lendemain matin
most (**of**), la plupart (de)
mother, la mère
motor-car, une auto, une automobile, une voiture
mouth, la bouche
to move, bouger
much, very much, beaucoup (de); **so much**, tant (de); **as much**, autant (de)
muddy, boueux
mushroom, le champignon

N

name, le nom; **what is your name?** comment vous appelez-vous?
narrow, étroit
native, (*coloured*) un indigène
near, près de
nearly, presque
necessary, nécessaire; **it is necessary to** (**do**), il faut (faire)
neck, le cou
to need, avoir besoin (de)
neighbouring, voisin
neither . . . nor, ni . . . ni . . . (+ *ne with verb*)
never, ne . . . jamais
new, nouveau (*f.* nouvelle); (=*brand new*) neuf (*f.* neuve)
newspaper, le journal (*plur.* les journaux)
next, prochain; (**the**) **next day**, le lendemain; (**the**) **next morning**, le lendemain matin; **next to**, à côté de
nice, aimable, gentil (*f.* gentille)
night, la nuit; **last night**, hier soir; **good night**, bonsoir, bonne nuit
nobody, personne (+ ne)
noise, le bruit
nose, le nez
note, le billet
nothing, rien (+ ne)
to notice, (*a thing*) remarquer, apercevoir; (*a fact*) s'apercevoir
novel, le roman
now, maintenant
number, le numéro
nurse, la garde-malade, une infirmière

O

object, un objet
to oblige, obliger
to obtain, obtenir
obviously, évidemment
to offer, offrir
office, le bureau
officer, un officier
often, souvent
old, vieux (*f.* vieille); (=*former*) ancien
once, une fois; **at once**, tout de suite, immédiatement, aussitôt; **all at once**, tout à coup
only, ne . . . que, seulement
to open, ouvrir
open, ouvert
opposite, en face (de)
or, ou
orange, une orange

orchard, le verger
to **order**, commander
other, autre
out (of), hors de; **to look out of**, regarder par
outside, dehors
over, sur; (=*over and above*) par-dessus; **over there**, là-bas; **over** (=*finished*), fini
overcoat, le pardessus
own, propre (*before noun*)

P

pair, la paire
pale, pâle
paper, le papier
to **pardon**, pardonner
park, le parc, le jardin public; **park-keeper**, le gardien
parents, les parents
party, la soirée
to **pass**, passer; **to pass through**, traverser
passenger, le voyageur
passport, le passe-port
pathway, le sentier
patience, la patience
patient, le (la) malade
pavement, le trottoir
to **pay (for)**, payer
peasant, le paysan
penknife, le canif
penny, le sou
people, les gens; les personnes (*f.*)
to **perceive**, apercevoir
perhaps, peut-être
permission, la permission
person, la personne
pheasant, le faisan
to **pick**, cueillir; **to pick up**, ramasser
pictures, (=*cinema*) le cinéma
piece, la pièce; **one franc piece**, la pièce d'un franc
pity, la pitié; **it is a pity that**, c'est dommage que (+ *subj.*); **what a pity!** quel dommage!
to **pity**, plaindre
place, le lieu, un endroit; **to take place**, avoir lieu
to **place**, mettre, placer
plant, la plante
plate, une assiette
platform, (*railway*) le quai, le trottoir
to **play**, jouer
playground, la cour
pleasant, agréable
to **please**, plaire
pleased, content
plum, la prune
poacher, le braconnier
pocket, la poche
poker, to play, jouer au poker
police, la police; **policeman**, un agent (de police); **police-officer**, le policier; **police station**, le poste de police
polite, poli; **politely**, poliment
poor, pauvre
position, la position
to **post a letter**, mettre une lettre à la poste; **post office**, la poste; **postman**, le facteur; **postage-stamp**, le timbre-poste (*plur.* les timbres-poste)
potato, la pomme de terre
pound, la livre
powder, la poudre; **to powder**, poudrer
precisely, précisément
to **prefer**, préférer, aimer mieux
preparation, le préparatif
to **prepare**, préparer
present, le cadeau; **to give a present**, faire un cadeau
present, (*adj.*) présent; **at present**, à présent
to **pretend (to)**, faire semblant (de)
to **prevent**, empêcher
to **prick**, piquer
probably, probablement
to **promise**, promettre
prudently, prudemment
punch, le coup de poing
to **punish**, punir
pupil, un(e) élève
to **put**, mettre; **to put on**, mettre; **to put down**, déposer

Q

to **quarrel**, se disputer
quarter, le quart; **a quarter of an hour**, un quart d'heure
quay, le quai

queen, la reine; (*cards*) la dame
question, la question
quickly, vite; brusquement
quiet, silencieux, tranquille
quietly, (tout) doucement

R

rabbit, le lapin
radio, la T.S.F. (télégraphie sans fil), la radio
to **rain**, pleuvoir
rapidly, rapidement
rarely, rarement
rat, le rat
rather, plutôt, assez
to **reach**, arriver à
to **read**, lire
ready, prêt; **to get ready (to)**, se préparer (à)
in reality, en réalité
really, vraiment
reason, la raison
to **receive**, recevoir
to **recognize**, reconnaître
recreation time, l'heure de (la) récréation
red, rouge
to **refuse**, refuser
to **regret**, regretter
to **relate**, raconter
relative, le parent
to **remain**, rester
to **remember**, se souvenir (de); se rappeler
reply, la réponse; **to reply**, répondre
to **resemble**, ressembler (à)
to **rest**, se reposer
rest, (=*remaining portion*) le reste; (=*the others*) les autres
restaurant, le restaurant
to **return**, retourner
return, le retour
revolver, le revolver
rich, riche
right, droit; **on (to) the right**, à droite; **to be right**, avoir raison
river, la rivière
road, le chemin; (=*main road*) la route
roadway, la chaussée
robber, le voleur
Robin Hood, Robin des Bois
rock, le rocher
room, la pièce; la salle; (=*bedroom*) la chambre; (=*space*) la place
round, rond; (*prep.*) autour de; **to look round**, se retourner; **round** (=*journey*), la tournée
to **run**, courir; **to run out**, sortir en courant; **to run up**, monter en courant; **to run away**, se sauver

S

sailor, le matelot
same, même
sand, le sable
Saturday, samedi
to **say**, dire
scamp, le polisson, le garnement
scent, le parfum
school, une école; (*grammar*) le collège; **school-friend**, un ami (camarade) de classe
schoolboy, un écolier; (*grammar*) un collégien
Scotland, l'Écosse (*f.*)
sea, la mer; **seaside**, le bord de la mer
to **search**, chercher
seat, le banc, le siège; (*in theatre, conveyance*, etc.) la place
secret, le secret
to **see**, voir
seeing that, puisque
to **seem**, sembler
to **seize**, saisir
to **sell**, vendre
to **send**, envoyer; **to send back**, renvoyer; **to send for**, envoyer chercher
serious, grave, sérieux
servant, le (la) domestique
serviette, la serviette
to **set off**, partir
several, plusieurs
shade, l'ombre (*f.*); **in the shade of**, à l'ombre de
to **shake by the hand**, serrer la main (à quelqu'un)
sheep, le mouton
to **shine**, briller
ship, le navire

shoe, le soulier
shop, le magasin; la boutique
shopping, to do one's, faire ses emplettes
short (*of stature*), petit
shot, le coup
shoulder, une épaule
to shout, crier
to show, montrer
shriek, le cri
side, le côté; **on this side,** de ce côté; **on the other side,** de l'autre côté
simple, simple; **simply,** simplement
since, depuis; (*conjunction*) depuis que; (*reason*) puisque
to sing, chanter
single, seul; **not a single,** ne . . . aucun
sister, la sœur
to sit down, s'asseoir
sitting, to be, être assis
sitting-room, le salon
situation, la situation
sky, le ciel
to sleep, dormir; (=*to pass the night*) coucher; **to go to sleep,** s'endormir
slim, mince
to slip, glisser
slipper, la pantoufle
slope, la pente
slow, lent; **slowly,** lentement
to smile, sourire
smoke, la fumée
to snatch, arracher
snow, la neige; **to snow,** neiger; **it snows,** il neige
so, si; (=*therefore*) donc; **so that** (=*in order that*), pour que (+*subj.*)
softly, doucement
soldier, le soldat
somebody, quelqu'un
something, quelque chose
sometimes, quelquefois
somewhere, quelque part
son, le fils
soon, bientôt; **as soon as,** dès que, aussitôt que
sorry, to be, regretter, être fâché
sound, le bruit
south, (le) sud; **south of France,** le Midi de la France
sovereign, le louis (d'or)
to speak, parler
spectacles, les lunettes (*f.*)
to spend (*money*) dépenser; (*time*) passer
splendid, splendide
spring, le printemps; **in spring,** au printemps
square, (*in town*) la place
to squint, loucher
stairs, l'escalier (*m.*)
stamp, le timbre (-poste)
to stand, se tenir; **to stand up,** se lever
to start, commencer; (=*to set out*) partir
station, la gare
stave, le bâton
to stay, rester, demeurer
to steal, voler
stern, sévère
stick, le bâton; (*walking-stick*) la canne
still, encore, toujours
to stop, s'arrêter
stop, un arrêt
stout, gros
strange, étrange
stranger, un étranger, un inconnu
stream, le ruisseau; (*large*) la rivière
street, la rue
to strike, frapper; (*clock*) sonner
string, la ficelle
to stroke, caresser, flatter
to stroll, se promener
strong, fort
to succeed (in doing), réussir (à faire)
such, tel (*f.* telle)
suddenly, soudain, subitement, tout à coup
sugar, le sucre
suit, le costume
suit-case, la valise
summer, l'été (*m.*); **in (the) summer,** en été
Sunday, dimanche
sunshine, le soleil
to suppose, supposer

sure, sûr; **to make sure,** s'assurer
surrounded by, entouré de
to **sweep,** balayer
sweet, le bonbon
to **swim,** nager
Switzerland, la Suisse

T

table, la table; **at table,** à table
tail, la queue
to **take,** prendre; (*a person*) mener, conduire; (*to the theatre, etc.*) emmener; **to take** (=*to carry*), porter; **to take off,** ôter, enlever; **to take out of,** prendre dans, tirer de
to **talk,** parler; (=*to chat*) causer
tall, grand
taxi, le taxi
tea, le thé
to **teach,** apprendre
teacher, le professeur
television, la télévision
to **tell,** dire
temper, in a, en colère
tennis, to play, jouer au tennis
terribly, terriblement
to **thank** (**for**), remercier (de)
then, alors; (=*next*) puis; (=*afterwards*) ensuite; (=*therefore*) donc
there, y; là
thief, le voleur
thin, maigre
thing, la chose
to **think,** croire, penser
thirsty, to be, avoir soif
thousand, mille
to **threaten** (**to**), menacer (de)
to **throw,** jeter
ticket, le billet
to **tie,** attacher
time, le temps; **a long time,** longtemps; **from time to time,** de temps en temps; **at the same time,** en même temps; **in time,** à temps; (*as in* once, twice *etc.*) la fois; **to have a good time,** s'amuser bien
tired, fatigué
tobacco, le tabac
to-day, aujourd'hui
together, ensemble
toil, le travail
top, le sommet, le haut; **to reach the top,** arriver en haut
torrents; it rains in torrents, il pleut à verse
tourist, le touriste
towards, vers
town, une ville; **to go to (into) town,** aller en ville
traffic, la circulation
train, le train
to **travel,** voyager; (*vehicles*) filer, rouler
treasure, le trésor
to **tremble,** trembler
to **trouble,** déranger
trout, la truite
true, vrai; **truly,** vraiment
trunk, la malle
to **try** (**on**), essayer
Tuesday, mardi
to **turn,** tourner; **to turn to (towards),** se tourner vers
turnip, le navet
twice, deux fois

U

umbrella, le parapluie
uncle, un oncle
under, sous
to **understand,** comprendre
to **undress,** se déshabiller
unhappy, malheureux
uniform, un uniforme
unless, à moins que (+ ne *before verb in subj.*)
to **unload,** décharger
unlucky, malchanceux; qui n'a pas de chance
unpleasant, désagréable
until, (*prep.*), jusqu'à; (*conj.*) jusqu'à ce que
unwise, imprudent
upstairs, en haut
to **use,** se servir de; employer
usually, généralement; d'habitude

V

vagabond, le vagabond
valley, la vallée
vegetable, le légume
very, très
view, la vue
village, le village
visit, la visite; **to visit**, visiter
visitor, le visiteur

W

to wag, remuer
waistcoat, le gilet
to wait (for), attendre
to wake up, se réveiller
to walk, marcher; se promener; **to walk about**, se promener (dans); **to walk across**, traverser; **to walk towards**, se diriger vers; **to go for a walk**, se promener, faire une promenade
walk, la promenade
wall, le mur
wallet, le portefeuille
to want, vouloir
war, la guerre
warm, chaud; **to be warm**, (*of persons*) avoir chaud
to warm oneself, se réchauffer
to wash, (se) laver
wasp, la guêpe
to waste, perdre
watch, la montre
to watch, regarder
water, l'eau (*f.*)
way, (=*manner*) la manière, la façon; **in this way**, de cette manière (façon); **this way**, par ici
weak, faible
wealth, les richesses (*f.*)
to wear, porter
weather, le temps; **the weather is fine**, il fait beau (temps)
weather-beaten, hâlé
Wednesday, mercredi
week, la semaine
well, bien; **well, sir**, eh bien, monsieur; **to be well** (*in health*), aller bien, se porter bien
wet, mouillé; (=*rainy*) pluvieux
whale, la baleine
what! comment!
when, quand, lorsque
whereas, tandis que
whether, si
white, blanc (*f.* blanche); **white man**, le blanc
whole, tout(e)
why, pourquoi
wife, la femme
will you (do)? voulez-vous (faire)?
to win, gagner
window, la fenêtre
wine, le vin
winter, l'hiver (*m.*); **in (the) winter**, en hiver
to wipe, essuyer
to wish, vouloir
with, avec
without, sans
woman, la femme
to wonder, se demander
wonderful, merveilleux
wood, le bois
wooded, boisé
word, le mot, la parole
work, le travail
to work, travailler
to wound, blesser
to write, écrire
wrong, to be, avoir tort

Y

yard, la cour
year, un an, une année; **a happy New Year!** bonne année!
yesterday, hier; **yesterday evening**, hier soir
yet, encore
yonder, là-bas
young, jeune
your, votre